大学生
创新创业
理论与实践案例

于学斌　吕丽莉　林丹　编著

清华大学出版社
北京

内 容 简 介

　　本书旨在培养大学生的创新思维和创业精神，书中将理论与实际案例相结合，为广大学生提供了一套全面、实用的创新创业基础教程，帮助他们获得全面的创新创业知识和实践经验。书中从多个角度深入探讨了创新创业的理念、方法和实践，强调创新创业教育的重要性和紧迫性，帮助读者理解其背景和意义；详细介绍了创新创业教育的核心理论，涵盖创新思维与批判性思维、头脑风暴与TRIZ发明创新、产品创新方法与流程、服务设计创新与商业模式创新等多个方面，为读者提供了全面的理论指导。在此基础上，本书结合典型的案例和实践项目，讲解如何在大学中开展创新创业实践活动，为读者提供了实用的操作指南，帮助学生们将理论知识转化为实际应用能力，提升创新创业的综合素质。

　　本书适合高等院校本科生、研究生，以及各类创业者阅读参考。

图书在版编目(CIP)数据

　　大学生创新创业理论与实践案例 / 于学斌，吕丽莉，
林丹编著. -- 北京：清华大学出版社，2024.9 (2025.1重印).
　ISBN 978-7-302-67171-8

　　Ⅰ. G647.38
　　中国国家版本馆CIP数据核字第2024R9F242号

责任编辑：李　磊
封面设计：杨　曦
版式设计：思创景点
责任校对：牛燕敏
责任印制：杨　艳

出版发行：清华大学出版社
　　　　　网　　　址：https://www.tup.com.cn，https://www.wqxuetang.com
　　　　　地　　　址：北京清华大学学研大厦A座　　　　　邮　　　编：100084
　　　　　社 总 机：010-83470000　　　　　　　　　　　邮　　　购：010-62786544
　　　　　投稿与读者服务：010-62776969，c-service@tup.tsinghua.edu.cn
　　　　　质 量 反 馈：010-62772015，zhiliang@tup.tsinghua.edu.cn
印 装 者：三河市铭诚印务有限公司
经　　销：全国新华书店
开　　本：185mm×260mm　　　印　　张：11.25　　　字　　数：272千字
版　　次：2024年9月第1版　　　印　　次：2025年1月第2次印刷
定　　价：69.00元

产品编号：095985-01

进入21世纪，世界迎来了新一轮的"产业革命"，人类社会正由信息化时代迈向数字化、智能化时代。与此同时，世界经济也处于新旧动能转换的关键时期。在这一背景下，大学作为人才培养的摇篮，肩负着更加重要的历史使命和社会责任。因此，大学需要进一步审视并思考，如何以全新的视角和方法，培养能够满足未来社会发展的新一代建设者和接班人。

创新创业教育，作为一种新型的教育理念和人才培养模式，因注重培养学生的创新思维、创业能力和适应未来社会的综合素质，正逐渐受到众多高校的重视。许多高校纷纷开设了与创新创业相关的课程和实践项目，以推动学生的全面发展。本书的编写正是为了适应和满足当前高校开展创新创业教育的需要，希望能够为广大高校学生进行创新创业相关理论知识的学习，以及参加创新创业实践提供有益的参考。

本书是针对"教育部设计理论与整合创新课程虚拟教研室"所开展的设计类课程专创融合研究课题而编写的，也是沈阳工业大学社会实践课程建设研究与实践教学改革研究项目的系列成果之一。本书内容注重知识传授、能力培养与价值塑造的统一，满足专创融合和多学科融合人才培养目标的要求，同时突出实践在创新创业教育中的重要作用。全书共分为九章，第一章简要介绍创新与创业的概念及其在社会发展中的重要作用；第二章重点介绍创新创业的时代背景、创新创业教育对未来人才培养的价值与意义；第三章讲解创新思维与批判性思维；第四章对设计思维、头脑风暴法及TRIZ发明问题解决理论进行介绍；第五章通过具体案例系统阐述产品创新设计的基本理论与方法；第六章介绍服务设计创新的概念、目标、原则、方法及工具；第七章对商业模式的概念、类型及创新思维进行讲解；第八章对大学生参加创新创业实践的相关理论和方法进行介绍，并深入探讨大学生在公益创新创业活动中的角色与责任；第九章通过具体案例展示大学生创新创业的实践成果。

本书可作为高等院校本科生、研究生创新创业课程的教材或参考书，帮助学生在理论和实践方面了解创新创业。教师在使用本书时，建议在理论教学的基础上结合案例，采用多种教学方法，如小组讨论、角色扮演、实地考察等，以激发学生的学习兴趣和主动性。

为便于学生学习和教师开展教学工作，本书提供立体化教学资源，包括PPT课件、教学大纲、教案等，读者可扫描右侧二维码获取。

教学资源

在本书的编写过程中，我们得到了众多专家、学者和一线教育工作者的支持和帮助。沈阳工业大学机械工程学院孙兴伟教授、刘慧芳教授，山东大学机械工程学院王震亚教授，为本书的策划和编写提供了宝贵的意见；地瓜社区创始人周子书先生,深圳市翼丰创新科技有限公司联合创始人鲁和平先生,未来设计师NCDA大赛组委会秘书长郭清胜先生,西安理工大学郭晓鹏老师,宁夏大学张莉老师,大连交通大学邹雅琢老师,沈阳工业大学薛瑾、杨晓辉、刘旭、郭忠峰、张惠茜老师等,为本书的编写提供了颇有价值的素材与案例;中国农业大学陈雨老师,中国石油大学(华东)刘敬老师,湖北汽车工业学院朱炜老师,南京科技职业学院田人羽老师,山西传媒学院范琨老师,天津职业技术师范大学刘慧薇老师,华东交通大学李立老师,沈阳工业大学张帆、杨宁、李强老师等,对本书的编写及出版提供了大力支持和帮助。在此,一并表示衷心的感谢!

在本书的编写过程中,参考了大量专家、学者的文献和研究资料,除了"参考文献"中的内容,还参考了其他著作、报刊和网络资料,从中汲取了许多有益的见解和精彩的案例,在此一并表示感谢!

由于时间和水平所限,书中难免存在一些疏漏和不足之处,我们真诚地欢迎各位专家、老师和同学们提出宝贵的意见。

"世界如此之新,一切尚未命名",在这个充满无限可能的时代,让我们以创新为己任,用智慧和勇气探索未知、洞见未来,共同肩负起时代责任,致力于成为具有创新精神和创业能力的未来人才,为应对明天的挑战和把握时代的机遇做好充分的准备!

编 者

2024.5

第三章　创新思维与批判性思维 025

第四章　创新理论与方法　040

第五章　产品创新设计　062

第六章   服务创新设计   098

第九章　大学生创新创业实践案例展示　145

第一章
创新创业概述

内容概述

本章为全书的概述部分，主要针对以
三个方面展开论述：

(1) 创意、创造、创新与创业的基本概
，以及它们之间的关系；

(2) 创新的主要领域与分类；

(3) 创新在推动人类社会发展中的重要
用。

目标与任务

学习和了解创意、创造、创新与创业的
基本概念及其相互关系；把握不同领域和类
型的创新的特点；认识创新在推动人类社会
发展中的作用，进而培养大学生的创新意识
和创新热情。

第一节 创意、创造、创新与创业

一、创意

创意，通常是指好的想法或者具有一定新颖性和独特性的"点子"，即"奇思妙想"。创意依赖于直觉和灵感思维，它往往是一项发明和创造的起始，是创新的概念设计阶段。

创意虽然只是一个未曾被付诸实践的想法和概念，但它却是一切伟大发明创造的起始，任何发明创造都源于创意。首先，创意可以为发明创造提供灵感和动力，帮助人们从不同的角度和思维方式出发，探索各种可能性；其次，创意在发明创造中具有引导作用，帮助人们明确方向和目标，提供思路和方法，更好地进行发明创造。

案例 从草图到挪威金角湾大桥

列奥纳多·达·芬奇被现代学者称为"文艺复兴时期最完美的代表"，他一生创作了六千多页手稿，涵盖机械、桥梁、武器、飞行器等多个研究领域。虽然受限于其所处的时代，达·芬奇的大多数研究只能停留在"想法"阶段，但是他的这些想法和创意对后人而言就像是一座充满智慧的宝库，对此后人类的一系列科技发明产生了重要的启发和影响，甚至有些创意方案直接被现代人付诸实践。挪威金角湾大桥就是参照达·芬奇拱形桥设计草图建成的，如图1-1所示。

1502年，达·芬奇为土耳其横跨两大洲的伊斯坦布尔市绘制了一幅美妙绝伦的拱形桥设计草图，该桥长346米，横跨博斯普鲁斯海峡，如果能建成，它将成为当时世界上最长的桥。但这个设计却被当时的统治者苏丹拒绝了，他认为该工程难度太大、造价太高。于是，这座桥在图纸上默默地等候了500年。1995年，挪威艺术家韦比约恩·桑德因一次偶然的机会见到了这张设计草图，桑德通过反复验证确认了达·芬奇设计该桥的原理完全成立，这座桥是可以被造出来的。2001年10月31日，挪威金角湾大桥落成通车，建成后此桥被称为"桥梁中的蒙娜丽莎"。

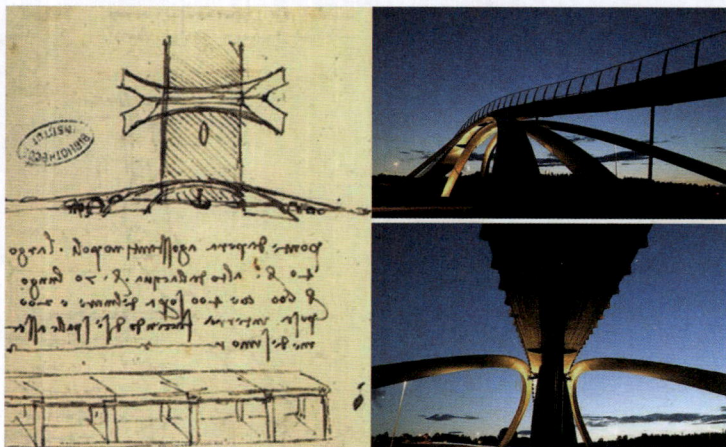

图1-1 达·芬奇的拱形桥设计草图与挪威金角湾大桥

二、创造

关于"创造"的定义与解释有上百种之多,目前也尚未有一个明确、统一的定义。如果从辩证唯物主义的角度来理解,我们可以把创造看作是"主体(人)"对"客体(客观世界)"施加作用和影响的过程,即人认识世界、改造世界的实践活动。创造一般具有以下几个特点:

(1) 创造的主体必须是人,创造的活动和行为是由人来实施完成的,创造的结果是"人为事物";

(2) 创造是有目的性的活动,创造的目的是要满足人的某种需求,创造的结果需具有一定的使用价值;

(3) 创造活动要具备一定的开创性,结果要有一定的革新性,是针对前人没有进行或虽进行但尚未完善的事物开展。

总之,创造可以看作是人类为了生存、生活及其他目的而开展的开创性的实践活动,是人类特有的体现自身价值的行为,实践的对象和产出的结果可以是具体有形的事物,也可以是抽象的思想、理论或者方法。

案例　火与土的赞歌——陶器的发明

陶器是人类历史上最伟大的发明之一,是人类第一次利用天然物,按照自己的意志创造出来的一种崭新的物品。陶器是用泥巴(黏土)制作成型,晾干后用火烧制而成,是泥与火的结晶。

人类对黏土的认识由来已久,早在原始社会,祖先们在生活中处处离不开黏土,他们发现被水浸湿后的黏土有黏性和可塑性,晒干后会变得坚硬起来。而人类对于火的认识和利用的历史也是非常久远的,距今170万年左右的元谋人就开始使用火了。先民们在生活中逐渐发现晒干的泥巴被火烧之后会变得更加结实、坚硬,而且可以防水,于是陶器随之产生了。陶器的出现不仅满足了人们日常生活的需要,而且为古代文化的发展提供了物质基础,在漫长的历史进程中,先民的劳动、娱乐、祭祀等生活场景不时出现在陶器上(见图1-2),使陶器除了具有使用功能,还具备了装饰性与精神性,逐渐成为人类文明的重要组成部分。

陶器的发明揭开了人类利用自然、改造自然的新的一页,具有重大的历史意义,是人类生产发展史上的一座里程碑。

图1-2　舞蹈纹彩陶盆

三、创新

"创新"一词在近年来频繁出现,从政府工作报告,到企业规划,再到学校课堂,创新成为人们开展工作、进行学习的方向和目标。那么,到底什么是创新?创新与创造有何区别?

实际上,"创新"是一个广泛而深刻的概念,并没有一个统一和明确的定义,我们可以将其归纳为利用现有知识和物质，在特定环境中满足社会需求并产生有益效果的行为过程。

创新和创造之间的关系目前存在如下几种说法。

(1) 等同说。该说法认为创新与创造没有实质上的区别，只是两种不同的称谓而已。

(2) 差异说。该说法认为创造与创新在水平和程度上有所区别。创造是推动事物发生质变，是一个"无中生有"的过程；创新是推动事物发生量变，是一个"有中生新"的过程。

(3) 包含说。包含说分为两种：一种认为从范围上创造涵盖创新，创新是众多创造中具有实际应用价值，能产生实际效益的部分；另一种则认为创新过程包括创造的过程，创造是创新完整过程中的一个阶段，是创新众多环节中的一环，创造是把一个事物实现出来即可，创新则需要进行后续的推广和应用，并产生一定的经济效益和社会效益。

为了达成认识上的统一以便大家学习，在这里我们结合工科专业特点及新产品开发过程，讲解创意、创造与创新的关系，如图1-3所示。

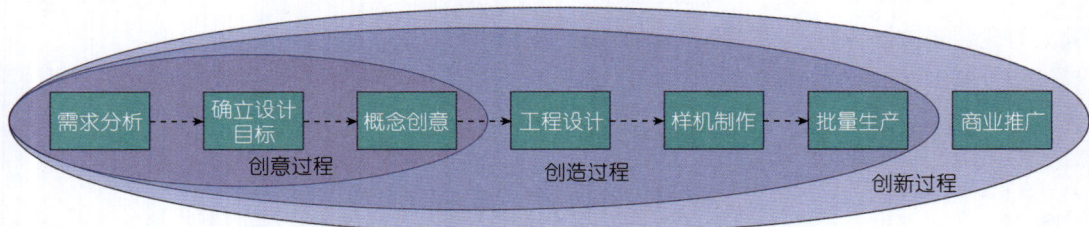

图1-3 创意、创造与创新的关系

四、创业

创业是创业主体以追求价值实现为目标进行资源整合，并通过向需方提供产品或服务来获取效益的行为。需要特别指出的是，这里所说的效益并不一定是经济学角度的商业效益，也可以是体现一定社会价值的社会效益。例如，一些公益类的创新创业，虽然没有直接产生较大的商业价值，但是在开展公益帮扶、服务社会等方面产生了积极影响，因此也可以将其看作是成功的创新创业实践活动。

第二节 创新的领域与分类

创新涉及的领域非常广泛，几乎涵盖了经济、政治、文化、科技和教育等各个领域。根据创新在不同领域的应用情况，可以将其划分为理念创新、制度创新、文化创新、技术创新、产品创新、服务创新和商业创新等，如图1-4所示。

下面对技术创新、产品创新和服务创新进行介绍。

图1-4 创新在不同领域的分类

一、技术创新

在所有创新中，技术创新是最为重要的一种创新方式，因为科学技术属于生产力水平的范畴，科学技术的创新与变革是其他创新的基础。关于对创新的理解最早源于马克思对科学创新与技术创新的阐述：科技创新是生产关系变革的重要推动力量。美籍经济学家熊彼特继承了马克思的思想观点，进一步指出：创新是指把一种新的生产要素和生产条件的"新组合"引入生产体系。

《中共中央 国务院关于加强技术创新，发展高科技、实现产业化的决定》文件中，对技术创新进行了描述：技术创新，是指企业应用创新的知识和新技术、新工艺，采用新的生产方式和经营管理模式，提高产品质量，开发生产新的产品，提供新的服务，占据市场并实现市场价值。企业是技术创新的主体。技术创新是发展高科技、实现产业化的重要前提。

通过以上对技术创新的描述可以总结出：技术创新是以企业为主体，以新知识、新技术和新工艺的应用为基础，以产出新产品或新服务为结果，以占据市场并实现市场价值为最终目标的活动。

二、产品与服务创新

一个企业或组织存在的意义在于能够持续不断地创造价值，而这种价值的实现是以企业或组织能够为他人或社会提供产品或服务，抑或是以产品和服务为前提的。因此，只有不断地进行产品创新和服务创新，企业或组织才会有生命力，才能生存和延续下去。

(一) 产品创新

关于产品的定义分为广义和狭义两种。广义的产品是指为了满足人们某方面的需求，而设计生产的具有一定用途和形态的物质产品和非物质形态的服务的总和。狭义的产品是指实物的生产成果，指一种具有特定的物质形状和用途的物体。这里所指的产品一般为狭义的产品，即有具体形态的实物产品，从而与非物质形式存在的服务相对应。

以实体形式存在的产品一般由功能、结构、材料、形态、人因五个要素组成，因此产品创新往往是围绕需求而进行的功能创新、结构创新、材料创新、形态创新，有时也包括产品开发流程和方式方法上的创新。

(二) 服务创新

服务的定义是：履行职务为他人做事，并使他人从中受益的一种有偿或无偿的活动，不以实物形式而以提供劳动的形式满足他人某种特殊需要。服务可以是依托实物而存在的后续行为，比如产品售出后的维修服务、售后支持等；也可以是独立存在的满足他人需求的行为，比如培训、法律咨询等。

服务创新是指新的设想、新的技术手段转变成新的或者改进的服务方式，使用户感受到不同于以往的崭新内容。服务创新具有如下几个特点。

（1）服务创新的目的不是提供有形产品，而是以提升有形产品的附加价值为目标，即通过对现有服务的方式、途径和技术手段进行创新，改善用户对服务的体验，进而获得更多认可。

（2）服务创新的关键在于对服务对象的深刻了解，只有建立"以用户为中心"的服务理念，才能取得服务创新的成功，比如在服务中除了被动回应用户的显性需求，还要主动地去识别用户的潜在需求，并给予满足。

（3）服务创新的关注点除了提供解决问题的方案、维护用户的核心利益，还需要关注诸如人的感觉、情绪、感情等精神方面的要素。因此，服务创新不能完全从"物"的角度出发，而是要更加尊重"人性"，这一点在社会服务和文化服务创新中体现得更为明显。

第三节 创新与人类社会发展

人类社会的发展史就是一部创新史，创新在人类社会发展中发挥了根本性作用。正如恩格斯在《劳动在从猿到人转变过程中的作用》中所论述的那样："劳动创造了人本身"，而创造性劳动是人类特有的能力和本领。纵观人类社会的发展进程，生产力在推动人类社会向前发展中始终是决定性因素，而生产力水平的主要标志是生产工具，人类社会先后经历了采集社会、渔猎社会、农业社会、工业社会，逐步从低级向高级，从简单向复杂，从原始到现代化，无不是通过生产工具的革新实现的。简单劳动工具的发明让人类结束了单纯依靠采集充饥的生活；随着对更为先进的生产工具制造技术的掌握，人类从四处游牧、居无定所、依靠渔猎为生的生活进入了农耕社会，进而创造了以中国古代社会为代表的高度发达的农耕文明；机器的发明代替了人类的繁重劳动，实现了人类千百年来的梦想，至此人类创新的步伐变得越来越快，创新的效率越来越高，创新成果的积累越来越多、越来越先进。创新是引领产业变革的关键，它以惊人的力量推动人类社会向前发展，自工业革命以来，在不到三百年的时间里人类所创造的物质财富甚至超过了工业革命以前五千年里所创造的物质财富的总和。

创新是人类认识世界和改造世界的实践活动，创新能力的强弱和水平的高低，直接决定了改造世界的能力和水平，更是影响一个国家、一个民族前途和命运的重要因素。

一、创新不断推动人类认识发展

人的认识是逐步深化的，任何停滞不前的做法都是错误的。创新正是推动人类认识不断深化的重要途径，只有创新才能打破旧思想、旧观念的束缚，解放思想。人类从"天圆地方"到发现银河系，从最初认为原子不可再分到发现电子、质子和中子，这些无不是通过解放思想、不断创新实现的。

二、创新推动社会发生变革

生产力决定生产关系，经济基础决定上层建筑，反过来，生产关系对生产力，上层建筑对经济基础具有反作用。上层建筑要适应和服务于经济基础，生产关系要服从生产力发展的客观要求，只有这样才能促进社会进步和经济水平的提高。因此，我们需要进行社会变革、进行制度创新，以此来适应社会发展的需要，及时地调整落后的、与时代不适应的部分。制度创新首先要重视理论创新，突破教条主义的束缚，通过解放思想、实事求是才能在发展中求创新，通过创新求发展，从人民公社到家庭联产承包责任制，从单一的计划经济体制到中国社会主义市场经济体制，从管理型政府到服务型政府，都体现了通过制度创新解决发展中问题的伟大意义和重要价值。

三、创新创造了辉煌灿烂的人类文明

没有创新就没有人类文明的产生，更没有丰富的物质生产，包括我们今天所享有的一切。人类物质文明都离不开前人的创新，从中国古代的水利灌溉工程都江堰，到古埃及的金字塔，再到古罗马的市政公共建筑，这些都是古代劳动人民创造力的结晶。而"中国天眼"落成、"奋斗者"号万米深潜、"天问一号"着陆火星、"嫦娥号"九天揽月，更是在中国特色社会主义进入新时代背景下，我国大力推动自主创新，努力实现科技自立自强的结果。

四、创新是中华民族长盛不衰的动力

中华民族自古以来就拥有惊人的创造力，在浩瀚的历史长河中，我们以无与伦比的创造力，取得了举世瞩目的成就，缔造了光辉璀璨的古代文明。在这悠长的岁月里，无数杰出的科技发明犹如星辰般熠熠生辉，奏响了远古智慧的激昂乐章。

早在文艺复兴的曙光初现之时，意大利数学家卡丹就已惊叹中国的磁罗盘、印刷术和火药，并赞誉其为"三大发明，超越古代所有智慧"。随着造纸术的加入，"四大发明"的名号逐渐传遍世界，获得了广泛的认可和赞誉。然而，四大发明绝非是对我国古代科技创造的全面概括，古代中国还孕育了无数卓越的科技发明，它们如同璀璨的明珠，镶嵌在华夏文明的历史长卷中。

2016年，中国科学院自然科学史研究所"中国古代重要科技发明创造"研究组，经过三年的深入考证和研究，精心整理出版了《中国古代重要科技发明创造》一书。在这部著作中，研究组精心挑选了88项中国古代的重大科技发明创造成果(见表1-1)，这些成果不仅展现了古代中国人民在科学发现与理论创新方面的卓越智慧，还揭示了一系列具有重大影响的技术发明，更包含了一些对后世产生深远影响的工程成就，充分体现了中华民族"苟日新、日日新、又日新"的惊人创造力，以及自我革新、自强不息的民族精神。

表1-1　中国古代88项重要发明与创造

类型	序号	成就	时期
科学发现与创造	1	干支	商代有干支纪日，汉代以后有干支纪年
	2	阴阳合历	商代后期
	3	圭表	不晚于春秋
	4	十进位值制与算筹记数	不晚于春秋
	5	小孔成像	公元前4世纪
	6	杂种优势利用	不晚于东周
	7	盈不足术	不晚于战国
	8	二十四节气	起源于战国，成熟于西汉初期
	9	经脉学说	不晚于公元前3世纪末
	10	四诊法	不晚于公元前3世纪末
	11	马王堆地图	不晚于公元前2世纪
	12	勾股容圆	不晚于西汉
	13	线性方程组及解法	不晚于西汉
	14	本草学	东汉初期
	15	天象记录	汉代已较为系统
	16	方剂学	汉代
	17	制图六体	不晚于公元3世纪
	18	律管管口校正	公元3世纪
	19	敦煌星图	公元8世纪初
	20	潮汐表	始见于公元8世纪后半叶
	21	中国珠算	宋代
	22	增乘开方法	不晚于11世纪初
	23	垛积术	不晚于11世纪末
	24	天元术	不晚于13世纪初
	25	一次同余方程组解法	不晚于1247年
	26	法医学体系	1247年
	27	四元术	不晚于1303年
	28	十二等程律	1584年
	29	《本草纲目》分类体系	1578年
	30	系统的岩溶地貌考察	1613—1639年
技术发明	31	水稻栽培	距今10 000多年
	32	猪的驯化	距今约8500年
	33	含酒精饮料的酿造	距今约8000年
	34	髹漆	距今约8000年
	35	粟的栽培	距今7500~8000年
	36	琢玉	距今7000~8000年
	37	养蚕	距今5000多年
	38	缫丝	距今5000多年

(续表)

类型	序号	成就	时期
技术发明	39	大豆栽培	距今4000～5000年
	40	块范法	3800多年前
	41	竹子栽培	3000多年前
	42	茶树栽培	周代
	43	柑橘栽培	不晚于东周
	44	以生铁为本的钢铁冶炼技术	春秋早期至汉代
	45	分行栽培(垄作法)	不晚于春秋时期
	46	青铜弩机	不晚于战国时期
	47	叠铸法	战国时期
	48	多熟种植	战国时期
	49	针灸	不晚于公元前3世纪末
	50	造纸术	不晚于公元前2世纪
	51	胸带式系驾法	西汉时期
	52	温室栽培	不晚于公元前1世纪
	53	提花机	不晚于公元前1世纪
	54	指南车	西汉时期
	55	水碓	不晚于西汉末期
	56	新莽铜卡尺	公元9年
	57	扇车	不晚于公元1世纪
	58	地动仪	公元132年
	59	翻车(龙骨车)	公元2世纪
	60	水排	公元1世纪
	61	瓷器	成熟于东汉时期
	62	马镫	不晚于4世纪初
	63	雕版印刷术	公元7世纪
	64	转轴舵	不晚于公元8世纪
	65	水密舱壁	不晚于唐代
	66	火药	约公元9世纪
	67	罗盘(指南针)	不晚于公元10世纪
	68	顿钻(井盐深钻汲制技艺)	不晚于公元11世纪
	69	活字印刷术	公元11世纪中叶
	70	水运仪象台	建成于1092年
	71	双作用活塞式风箱	不晚于宋代
	72	大风车	不晚于12世纪
	73	火箭	不晚于12世纪
	74	火铳(管形火器)	不晚于公元13世纪
	75	人痘接种术	不晚于公元16世纪
	76	曾侯乙编钟	战国早期

(续表)

类型	序号	成就	时期
工程成就	77	都江堰	公元前256—前251年
	78	长城	始建于战国后期，秦代形成"万里长城"
	79	灵渠	公元前221—前214年
	80	秦陵铜车马	秦代
	81	安济桥(敞肩式石拱桥)	建成于公元606年
	82	大运河	隋代大运河于公元7世纪初贯通；京杭大运河于1293年贯通
	83	布达拉宫	始建于公元7世纪，重修于17世纪中叶
	84	苏州园林	四大名园之沧浪亭始建于公元910年前后
	85	沧州铁狮	公元953年
	86	应县木塔	1056年
	87	紫禁城	建成于1420年
	88	郑和航海	1405—1433年

案例 中国造纸术为世界文明发展做出重要贡献

"夫其为物，厥美可珍。廉方有则，体洁性贞。含章蕴藻，实好斯文。取彼之弊，以为此新。揽之则舒，舍之则卷。可屈可伸，能幽能显。"这段话出自西晋文学家傅咸创作的《纸赋》。赋中描述了纸的特点与用途，表达了作者对纸的赞美之情。

中国是世界上最早发明纸的国家，在西汉初期造纸术就已诞生，但当时以丝为原料，造价昂贵，所以并没有在社会中普及。到了东汉，蔡伦改进造纸术，对书写材料进行了革命性的创新，他将树皮、麻头、破布和渔网等废弃物料作为原料，经过浸泡、漂洗、晾干等工序，制成了既便宜、轻便，又适合书写的植物纤维纸。由此纸张开始取代竹木简成为主要的书写材料，这一发明极大地推动了文化的发展和传播，使知识的记录和传承变得更加便捷。唐宋时期，造纸技术已经相当成熟，原料更加多样化，除了麻、树皮以外，竹子、稻草、麦秆等都被用来造纸。此外，生产工艺也得到显著提升，出现了抄纸、压光、研光等工序，使纸张更加光滑、坚韧。

在中国造纸术传播开来之前，世界各民族记录文字和信息的方式多种多样，或是刻写在石头、石柱、砖头和瓦片上，或是写在树叶和树皮上。例如，古埃及使用一种特殊的"纸草"茎皮编织成席片，经过磨光和锤薄后，用纸草茎沾上用煤灰制成的墨汁在"纸草纸"上书写，然后卷起来保存。直到15世纪，欧洲人仍然使用羊皮纸作为重要文件的记录媒介。

中国造纸术在唐宋时期开始向外传播，先是传入韩国和日本，随后是阿拉伯和欧洲。这一传播过程极大地推动了世界文明的进步，尤其是在欧洲文艺复兴时期，中国的造纸术为欧洲的文化和科学的发展提供了重要的物质基础。

在现代社会中，随着科技的不断进步和材料的革新，造纸行业经历了巨大的变革，从手工制作逐渐转向了机器生产。然而，中国传统的造纸术原理和工艺流程仍然被广泛沿用至今，贵州省丹寨县石桥村仍然保留着传统皮纸制作的古老技艺，如图1-5所示。2006年，"皮纸制作技艺"入选第一批国家级非物质文化遗产代表性项目名录。

图1-5　传统皮纸制作过程

思考练习题

(1) 下面的活动或行为中，_____不属于创造，请阐述具体原因。

  A. 蚂蚁筑巢　　　　　　　　B. 对机器例行检查

  C. 建筑师参与设计项目　　　　D. 钢琴家演奏他人作品

(2) 请举例说明创新实践在推动人类社会发展和进步方面的重要意义。

第二章
塑造未来的创新创业教育

本章讲解的内容包括以下4个方面：

(1) 创新创业所面临的时代背景；

(2) 创新对实现中华民族伟大复兴的意义；

(3) "创新驱动发展战略"的提出及含义；

(4) 双创型人才与创新创业教育。

了解我们所处的时代及其特点；认识创新对实现中华民族伟大复兴的重要意义和作用；学习国家创新驱动发展战略有关内容，深刻理解创新驱动发展战略的深刻含义，以及实施创新驱动发展战略的重要意义；培养学生成为双创型人才，主动响应国家号召参与创新驱动发展战略，进一步明确当代大学生的责任和使命。

第一节　明确我们所处时代的特点

当今世界正经历百年未有之大变局，我们只有认清自身所处时代的特点，才能更进一步认识创新的价值。

时代特点一：全球资源面临枯竭，环境不断恶化

人类工业革命后近300年的时间里，生产力水平得到大幅度提高。但与此同时，地球上的环境资源和生态也遭受了极大的破坏和影响——世界上的煤炭、石油、淡水等资源总量迅速下降；而工业生产中的二氧化碳、氟利昂、一氧化碳的排放量急剧增加，大量动物、植物已经灭绝或正濒临灭绝，人类与自然的关系日趋紧张。为了应对全球环境的变化，作为负责任的大国，中国于2020年9月明确提出2030年"碳达峰"与2060年"碳中和"的目标。

时代特点二：新一轮科技革命和产业变革孕育来临

当前，以人工智能为引领的第六次科技革命正孕育来临，与前五次科技革命相比，新一轮的科技革命呈现出多科技领域创新并发、技术突破群发涌现和汇聚融合的特点。因此，本轮科技革命对全球经济和产业的影响将比以往更加深远，这也将导致世界各国在科技创新方面的竞争达到空前激烈的程度，因为各国都清醒地认识到，只有进行全面创新才能在本轮科技革命和产业变革中抢占先机，获得发展的领先优势，甚至一些国家开始着手建立一批创新实验室，以求在未来的全球竞争中获得发展的战略主动性。

回顾前五次科技革命，中国由于特殊的国情，与前两次科技革命、产业革命失之交臂。而时至今日，中国无论是在综合国力还是人才储备方面均比过去有了很大进步，因此我们一定要抓住第六次科技革命的机会，以全面创新拥抱新一轮的科技革命与产业变革。

时代特点三：中国科技实现了跨越式发展

在一穷二白基础上艰难起步的新中国，在科技发展方面同样根基薄弱，但经过几代人的努力和积累，中国在科技创新方面不断取得重大突破，基础科学、工程技术、信息技术和生物医药等研究领域重磅成果频出，特别是在载人航天和探月工程、载人深潜器、新一代高铁、国产大飞机、超级计算等战略高技术领域均取得了令世界瞩目的成就。这些成就充分证明了我国的科技创新已经实现自立和自强，在迈向科技强国的道路上不断创造着一个又一个奇迹。

发展过程中出现的问题要运用发展的眼光在发展中解决，创新是破解时代发展难题的钥匙，也是应对各种危机与挑战，维系人类命运共同体的必然选择。

案例　我国新能源汽车产销连续8年全球第一

据中国汽车工业协会统计，2022年我国新能源汽车持续爆发式增长，产销分别完成705.8万辆和688.7万辆，同比分别增长96.9%和93.4%，连续8年保持全球第一。

市场规模全球领先。2022年我国新能源汽车全年销售688.7万辆，市场占有率提升至25.6%，全球销量占比超过60%。其中，纯电动汽车销量为536.5万辆，同比增长81.6%；插电式混动汽车销量为151.8万辆，同比增长1.5倍。

品牌竞争力大幅提升。2022年，自主品牌新能源乘用车国内市场销售量占比达到79.9%，同比提升5.4%；新能源汽车出口67.9万辆，同比增长120%。全球新能源汽车销量排名前十位的企业集团中我国占据3席，动力电池装机量前十位的企业中我国占据6席。

配套环境日益优化。截至2022年底，全国累计建成充电桩521万个、换电站1973座，其中2022年新增充电桩259.3万个、换电站675座，充换电基础设施建设速度明显加快。此外，全国累计建立动力电池回收服务网点超过1万个，基本实现就近回收。

第二节 | 以创新实现中华民族伟大复兴

在第一节中简单阐述了我们所处时代的特点，并认识到创新是时代发展所需，是解决人类当前所面临的主要困难和问题所需，是中华民族崛起所需。唯有创新才能成就中国梦，助力实现中华民族伟大复兴。

在中华民族的历史上，从来没有像今天这样对创新的需求是如此迫切！中华民族五千年的生存发展史，是一部创新史和奋斗史，我们这个古老的民族以特有的聪明、智慧和韧性在全人类文明发展史上留下了不可磨灭的印记，也为全世界科技的进步和发展做出了极其重要的贡献。正如英国哲学家弗朗西斯·培根所描述的那样："印刷术、火药、指南针曾改变了整个世界，变化如此之大，以至没有一个帝国，没有一个学派，没有一个显赫有名的人物，能比这三种发明在人类事业中产生更大的力量和影响。"

遗憾的是，当历史的脚步迈入近代，落后的思想及制度使得中华民族一次又一次错过了发展的机会，最终被西方列强蚕食和宰割，中国近代史成了一段中华民族的屈辱史。

历经百年磨难，中华民族在中国共产党的领导下，经过抗争和奋斗，以一个又一个的科技创新展示出了这个古老民族新的生机和活力，取得了世界瞩目的成就，并且再次以无比激扬豪迈的姿态站在了世界舞台上，准备迎接第六次科技革命。站在人类发展的历史关口，每一个中国人，特别是青年一代一定要把握好这个重大的历史机遇，在当前这个"世界百年未有之大变局"中锐意进取，大胆实践创新，不断掌握科学方法，心怀使命和担当，为实现"两个一百年"奋斗目标，实现中华民族伟大复兴而努力创新！

第三节 以创新驱动发展战略建设创新型国家

创新是一个民族进步的灵魂，是一个国家兴旺发达的不竭动力。

党的十八大明确提出："科技创新是提高社会生产力和综合国力的战略支撑，必须摆在国家发展全局的核心位置。"会议还强调要坚持走中国特色自主创新道路，实施创新驱动发展战略。

党的十九大报告进一步指出："创新是引领发展的第一动力，是建设现代化经济体系的战略支撑。"中国将持续进行理论创新、实践创新、制度创新、文化创新，以及其他各方面创新，加快建设创新型国家。

党的二十大报告提出："必须坚持科技是第一生产力、人才是第一资源、创新是第一动力，深入实施科教兴国战略、人才强国战略、创新驱动发展战略，开辟发展新领域新赛道，不断塑造发展新动能新优势。"

一、创新驱动发展战略的含义

创新驱动发展战略包含两层含义：一是"创新驱动"，即中国未来的发展要靠科技创新驱动，而不是传统的劳动力及资源能源驱动，这体现的是我国经济增长方式的转变；二是"驱动创新"，即在未来国家发展中越来越重视对创新因素和潜能的挖掘，全面激活创新发展潜能，支持和培养一大批创新型企业及科研院所，培养更多创新型人才，建设创新型国家。

二、创新驱动发展战略的实施

从产业分工角度，可以将生产制造模式划分为品牌型(OEM)、设计型(ODM)、制造型(OBM)三种类型，如图2-1所示。

图2-1 生产制造三种模式

不同的生产制造模式类型，其经营方式和利润模式也不相同，对于制造型企业而言，从

OEM到ODM再到OBM的模式转变，正是企业持续发展和进步的必由之路。

我国自改革开放以来，经济发展取得了举世瞩目的成就，特别是制造业领域在全球产业链中占有举足轻重的地位，被形象地称为"世界工厂"。这主要基于我们所具有的劳动力和资源环境的低成本优势，承接了世界第三次产业转移中的中下游制造端，成为国外众多品牌的代工厂，进而形成了庞大的OEM生产制造模式。但是OEM模式在为我国经济带来高速发展的同时，也带来了很多弊端。首先OEM生产模式是建立在环境和资源的高消耗基础上的；其次，OEM处于产业低端，不具备定价权，生产制造利润低。因此，加快从OEM模式向ODM模式、OBM模式转变，变中国制造为中国创造，进而打造中国自主品牌，成为我们当前发展的重要任务。

实施创新驱动发展战略是我国经济社会发展进入新阶段的必然选择，将为社会生产力和综合国力的提高提供强大保障。一方面，它可以加快产业技术创新，利用高新技术来改造和提升传统产业，进行节能减排，降低对能源的消耗甚至是过度依赖，不断减少对环境的污染，尽早实现碳达峰、碳中和目标；另一方面，它可以加快技术的自主研发和创新，形成更多自主知识产权，进而实现由低成本优势向创新优势的转变，形成持久的竞争优势。

第四节 双创型人才与创新创业教育

在新时代背景下，创新和创业成为推动社会进步和经济发展的重要动力。双创型人才，作为兼具创新思维和创业能力的复合型人才，日益受到社会的重视。他们不仅具备独特的创新思维，而且拥有将创新转化为实际产品或服务的能力，从而创造经济和社会价值。

一、双创型人才定义

双创型人才，是指具备创新思维和创业能力的人才。他们拥有独立思考、勇于探索的精神，不断寻找新的机会和解决问题的方法。同时，他们具备创业的素质和能力，如市场洞察能力、团队协作能力、资源整合能力等，能够将创新的想法转化为实际的商业模型或产品。

二、双创型人才素质构成

双创型人才的素质构成是多方面的，不仅包括创新思维、知识储备、学习能力、技术应用能力、创新方法及工具应用能力、解决问题能力、领导力等创新创业方面的能力，更涵盖了危机意识、敢于冒险、抗压意识、追求卓越、开放心态、坚韧不拔、社会责任意识等创新创业精神。双创型人才素质的具体构成，如图2-2所示。

机会意识
创新意识 ── 创业意识
自我价值实现的愿望

敢于尝试
乐于承担风险 ── 敢于冒险
突破常规思维

保持积极心态
应对压力和挑战 ── 抗压意识
解决问题和冲突

持续学习
自我提升 ── 追求卓越
精益求精

接受新观念
团队协作 ── 开放心态
跨领域合作

面对挫折和失败
坚持目标和信念 ── 坚韧不拔
持续努力

社会责任感
环保意识 ── 社会责任
公益事业　　意识

创新创业精神　──　创新创业素质　──　创新创业能力

创新思维
　打破思维定式
　发散思维
　批判思维

知识储备
　专业知识
　跨学科知识
　实践知识

学习能力
　自我驱动
　快速学习
　终身学习

技术应用能力
　技术掌握
　技术应用
　技术迭代

创新方法及工具应用能力
　创新方法
　工具应用
　方法工具融合

解决问题能力
　问题识别
　问题分析
　问题解决

领导力
　团队领导
　组织协调
　决策制定

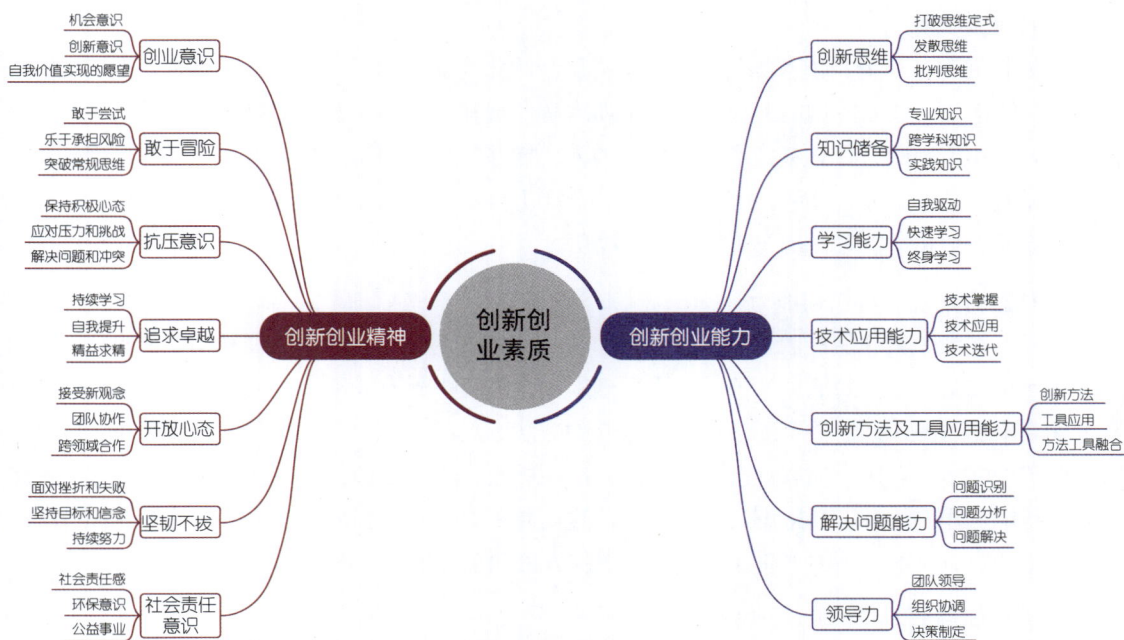

图2-2　双创型人才素质构成

(一) 创新创业能力

　　创新创业能力的内涵十分广泛和深入，它是一个复杂的能力体系，需要多方面能力的共同作用。通常来讲，创新创业能力包括创新思维、知识储备、学习能力、技术应用能力、创新方法及工具应用能力、解决问题能力、领导力七个方面。

1. 创新思维

　　创新思维是指以新颖、独特的方式思考和解决问题的过程，它涉及寻找和探索新的可能性，以及思考问题的不同方式和角度。创新思维的核心在于"创新"，它强调跳出传统的思维框架，不拘泥于现有的知识或方法，敢于挑战现状，尝试新的方法和途径。

2. 知识储备

　　创新是通过综合利用现有的信息进行创造性的活动，从而提出新的思想、方法和方案。通常来讲，创新水平的高低与创新主体所掌握的知识多少成正比。在这里，知识又可以分为"专业知识""跨学科知识"和"实践知识"三个方面。

3. 学习能力

　　学习能力与创新创业素质是相互关联的，通过提高学习能力，创业者能够更好地掌握各种知识和技能，提高自己的综合素质和创新能力，为创业成功打下坚实的基础。自我驱动能够激发学习的内在动力，快速学习能够提高学习效率，终身学习能够保持持续成长，通过培养这三个方面的能力，可以提高个人的学习能力，从而提高创业能力和素质。

4. 技术应用能力

在创新创业过程中，技术应用能力对于将创新转化为实际的产品或服务，实现商业价值至关重要。具体来说，技术应用能力包括对技术的理解、选择、应用和改进的能力，以及对技术发展趋势的洞察和预测能力。具备技术应用能力的人，能够将理论知识和技术手段相结合，将创意转化为实际的产品或服务，并解决实际问题。这种能力可以帮助创业者更好地把握市场机会，提高产品的技术水平和竞争力，从而实现创业的成功。

5. 创新方法及工具应用能力

创新方法及工具应用能力是创新创业能力的重要组成部分，它强调的是利用新的方法和工具来解决问题或实现目标的能力，这种能力在创新创业过程中具有非常重要的作用。具备创新方法及工具应用能力的人，需要不断学习和掌握新的方法、新的工具，了解其原理和应用场景，从而能够在实践中加以应用。拥有创新方法及工具应用能力，不仅要掌握新方法、新工具，更重要的是能够利用这些方法和工具来解决实际问题，这需要人员具备较强的问题分析能力和判断能力，能够快速准确地识别问题的本质，并选择合适的方法和工具来解决问题。

6. 解决问题能力

解决问题能力是创新创业能力的重要组成部分，通过培养解决问题能力，可以提高个人的创新能力和创业成功的可能性。在创新创业过程中，会遇到各种复杂的问题和挑战，需要具备强大的解决问题的能力才能够克服这些障碍。首先，需要具备发现问题和定义问题的能力，这需要对问题进行深入分析和理解，并能够准确地表述问题。其次，需要具备创造性思维和解决问题的能力，能够从不同的角度思考问题，并提出创新的解决方案。

7. 领导力

领导力是推动创新创业成功的关键因素之一，在创业过程中，领导者需要具备远见卓识，制定明确的目标和战略，并带领团队朝着目标前进。此外，领导力还包括激发团队创造力、促进团队协作的能力。一个具备领导力的领导者能够激发团队成员的积极性和创新精神，推动团队在竞争激烈的市场中脱颖而出。

(二) 创新创业精神

创新创业精神整体上表现为一种积极向上、勇于探索和创造的精神状态。它是一个综合性的概念，既包括对创新创业活动的深刻理解和积极态度，也涵盖了一系列独特的思维模式和行为习惯。这些要素共同构成了创新创业精神的核心，即不断地挑战现状、追求创新，并勇于承担风险，主动承担社会责任，以实现个人或组织的成长与发展，在创新和创业过程中取得成功。

1. 创业意识

创业意识是指对创新创业的重要性和必要性有充分的认识，并具备不断探索、发现和创造新事物的内在动力。作为创新创业精神的重要组成部分，创业意识是驱动个人或团队开展创业活动的基础，它推动创业者不断追求产品、服务或商业模式的创新。创业意识主要包括机会意识、创新意识和自我价值实现的愿望三个方面。机会意识使我们从复杂的市场环境中识别出商机；创新意识驱使我们不断寻求创新和突破，勇于挑战传统思维和方法，积极探索新的可能性；而自我价值实现的愿望促使我们发展和提升自身潜能，实现自己的目标和理想，获得自我认同和满足感。

2. 敢于冒险

冒险意识是创业意识的必要品质，因为创业本身就充满了不确定性和风险，成功的创业者需要有勇气面对未知和挑战。冒险意识驱使创业者抓住机遇，不畏艰险，勇于尝试新的商业模式和策略。通过冒险，创业者能够拓展自己的视野和经验，不断成长和进步。

3. 抗压意识

创业者在面对诸多挑战和困难时，必须具备抗压意识，以应对市场、组织内部、竞争对手等各方面带来的压力。如果没有抗压意识，当面对客户的抱怨、市场的起伏及亲友的质疑时，创业者可能会选择放弃。因此，抗压意识是创业者在面对挫折和困难时保持坚定信念、不断前行的关键因素。

4. 追求卓越

在激烈的市场竞争中，只有追求卓越的企业或个人才能脱颖而出，他们通过提供优质的产品和服务，满足客户的期望，从而赢得市场份额和客户的信任。追求卓越是创新创业精神的永恒目标，它推动着企业或个人不断向前发展。通过设定高标准、持续学习、鼓励团队合作和创新思维，以及关注客户需求和市场变化等方式，我们可以培养和践行追求卓越的精神，从而在激烈的市场竞争中取得优势，实现可持续发展。

5. 开放心态

开放心态作为创新创业精神的关键构成部分，为创新提供了源源不断的动力。开放心态有助于激发创新思维、扩大知识视野、促进合作共赢。通过保持好奇心、尊重他人观点、勇于挑战自我等方式，我们可以培养自己的开放心态，从而更好地适应不断变化的市场环境，实现个人和组织的持续发展。

6. 坚韧不拔

坚韧不拔是创新创业精神的核心要素，它能够帮助人们克服困难、实现目标。通过设定明确的目标、培养积极的心态、学会自我调节和管理压力，以及寻求支持和建立良好的人际关系等方式，我们可以培养自己坚韧不拔的精神，更好地应对创新创业过程中的各种挑战。

7. 社会责任意识

社会责任意识是指企业对其行为的社会影响的认识和回应，具有强烈社会责任感的企业不仅关注自身的经济效益，更关注其经营活动对社会和环境的影响，并愿意采取积极的措施，减少负面影响，努力为社会做出贡献。社会责任意识作为创新创业精神的重要构成部分，是企业在追求经济效益的同时，实现社会价值和环境价值的重要保障。企业只有具备强烈的社会责任意识，才能在不断变化的市场环境中保持竞争力，实现可持续发展。

三、创新创业教育

(一) 创新创业教育概述

在当今时代，双创型人才培养是应对科技快速发展与市场竞争的必备战略，而这一战略目标的实现必须依靠创新创业教育。创新创业教育不仅要传授知识，更要激发学生探索新领域、创造新价值的潜能和热情，通过全面、科学、系统化的教育方法，培育学生的创新思维和创业能力，唤醒他们的创新创业精神。

创新创业教育不仅是为了应对当前的科技发展和市场竞争，更是为了塑造未来社会的中坚力量，引领创新潮流，驱动创业浪潮。

案例 清华x-lab：创新创业教育的成功典范

清华x-lab，全名为清华大学新型创意创新创业人才发现和培养教育平台，成立于2013年，是由清华大学发起的开放式、跨学科、复合型的创意创新创业平台。清华x-lab的定位是"培养面向未来的创意创新创业人才"，其理念是：x代表探索"未知"和学科"交叉"；lab代表体验式学习和团队合作。其目标是激发学生的创造力，培养他们的创新精神，以及促进创新项目的实现。

清华x-lab采取开放、合作、跨学科的方式运作，它鼓励不同专业、不同背景的学生共同参与创新项目，打破学科壁垒，通过跨界合作实现创新。同时，清华x-lab还与政府、企业、投资机构等建立了紧密的合作关系，为学生提供资源、资金和项目对接的支持。

清华x-lab的特色在于其"三位一体"的教育模式，它从创意、创新和创业三个维度出发，为学生提供一系列的课程、工作坊、讲座和实践活动。这些活动旨在培养学生的创意思维、创新能力和创业精神，同时提高他们的领导力、团队合作和解决问题的能力。

自成立以来，清华x-lab已经成功孵化了数百个创新项目，其中许多项目已经实现了商业化运营，为社会创造了实际价值。这些项目涵盖了科技、艺术、文化、环保等多个领域，充分体现了清华x-lab的跨学科特色。

清华x-lab的成功实践得到了社会各界的广泛认可，许多高校和教育机构纷纷效仿其教育模式，推动了创新创业教育在全国范围内的普及和发展。同时，清华x-lab还与许多国际知名高校和企业建立了合作关系，共同推动全球创新创业教育的发展。

创新创业教育具有如下几个特点。

(1) 创新创业教育的对象是所有人。长期以来一直存在这样一个片面的认识：创新工作只属于个别人，创新能力只是科学家、工程师、设计师等少部分职业人群应具备的素质，而与普通大众无关。随着国家和社会对创新重视程度的提升，创新能力成为从工程师到普通大众人人都需要培养和发展的一项能力和素质。其实，创新和创造与每个人都密切相关，它广泛存在于社会生活的各个方面，具有普遍性，因此创新创业教育也要面向所有人开展。

（2）创新创业教育的特点是多学科多领域交叉融合。创新创业教育具有多学科能力交叉融合的特点，因为创新本身是智力因素、非智力因素，以及环境等多方面因素相互作用的结果。当前，创新人才培养的主要任务是培养能够担负第六次科技革命和第四次产业革命历史重任的人才，而第六次科技革命的一个重要特征就是多学科融合。

（3）实践对创新创业人才培养具有重要作用。创新创业能力需要在不断的实践中获得和培养，因此创新创业教育应该贯彻"做中学"的原则，采用项目式、任务式教学模式，以此来深化学习的实践性和有效性。这样的教学模式旨在帮助学生通过实际操作来理解知识、锻炼技能，从而达到学以致用、用以促学的良性循环。

（二）高校开展创新创业教育的意义

在知识经济时代，创新创业教育已经成为高等教育的重要组成部分，它不仅能够培养学生的创新思维和创业能力，而且能够培养出更多适应社会需求的高素质人才。此外，创新创业教育对国家的经济增长、就业机会创造，以及社会财富增长会产生深远的影响。因此，对于大学生来说，接受创新创业教育不仅可以提升个人的综合素质和能力，更能为社会和国家的发展做出重要贡献。

（1）实施创新创业教育是培养高素质应用型人才的重要途径，是素质教育的深化和具体化。通过把创新创业教育融入素质教育各环节、人才培养全过程，推动人才培养模式实现转变，进而实现新时期大学素质教育的新突破。创新创业教育要求我们更加注重学生的主体性，鼓励他们主动探索、积极创新，培养他们的批判性思维和解决问题的能力，并通过具体的实践和训练，将素质教育的理念转化为现实的能力和素质。

（2）创新创业教育是高等教育人才培养改革的重要突破口，通过创新创业教育推动高等教育改革，优化人才培养模式，以适应未来社会的多元化需求。随着科技的快速发展和全球竞争的加剧，时代对人才的需求也在不断变化。传统的教育模式往往更注重知识的传授，而忽视了对学生创新思维和创业精神的培养，而在当今这个变革迅速的时代，社会需要的是能够独立思考、勇于创新、敢于实践的人才。因此，开展创新创业教育是回应时代对人才需求的必然选择。

（3）创新创业教育最大程度促进学科交叉和知识融合。随着全球范围内新一轮科技革命和产业变革的深入进行，人类所面临的问题日趋复杂，传统的单一学科知识已经无法应对，因此以多学科交叉融合为基础的新兴产业开始崛起，使高等教育面临新的任务和使命，培养实践能力强，且具有跨学科能力、创新创业能力的新型复合人才，成为新经济背景下高等教育发展的内在要求。

双创型人才需要具备跨学科的知识和技能，而创新创业教育正是通过打破传统学科界限，鼓励学生交叉学习不同领域的知识，培养他们的综合素养和跨学科思维能力。这种跨学科的学习方式有助于学生在创新和创业过程中形成更为全面的视角和更强的解决问题的能力。

(三) 创新创业教育的目标与任务

创新创业教育的总体目标是通过将创新创业教育系统融入学生培养体系,促进创新创业教育与专业教育的有机融合,实现创新创业教育的常态化和可持续性。同时,要重视培养学生的创新思维、创业精神和创新创业能力,确保创新创业教育覆盖全体学生,最终培养出具有社会责任感和担当精神的创新创业人才。创新创业教育的具体目标任务论述如下:

(1) 通过实施创新创业教育,全面提升学生的创新思维、创业知识、创业技能和创业精神。通过开设课程、组织活动、搭建平台、促进交流,为学生提供更多的机会和平台,为他们的创新创业之路提供有力支持。

(2) 通过实施创新创业教育,帮助学生发挥自己的潜力和特长,实现个人价值和职业发展,使他们能够更好地适应这个充满变革和机遇的时代,找到适合自身发展的舞台,不仅能够成为优秀的求职者,更能够成为工作岗位的创造者和职业发展的引领者。

(3) 通过实施创新创业教育,使学生了解创业的法律法规和相关政策,发挥创新创业教育的价值导向作用,引导学生树立正确的价值观和创业观,培养具有社会责任感和担当精神的创新创业人才。

(四) 提升创新创业能力的方法

为了更有效地提升大学生的创新创业能力,高校需要积极推进人才培养模式、教学内容和课程体系的改革,注重培养学生的创新思维和创业能力,并引入更多具有实践性和创新性的课程。此外,要提供更多的实践机会,以便学生能够在实际操作中锻炼自己的创新思维和创业能力,还需要营造一个鼓励创新和创业的环境氛围,让更多的人有意愿并且能够投身于创新和创业之中。提升大学生创新创业能力的方法具体如下:

(1) 专创融合。为了更有效地提升大学生的创新创业能力,需要将创新创业教育融入各专业人才培养方案,并实现与传统专业的有机融合。在设置创新创业教育课程时,要突出专业特色,并与专业课程体系有机融合,针对不同专业,应该在专业行业、相关领域开展针对性的创新创业教育。各专业应根据自身条件,充分发掘本专业创新创业的教学内容,通过讲座或课程形式,启发学生将创新创业活动与所学专业知识结合起来,这样可以使各专业学生更深刻地理解专业内涵,并在学科专业基础上开展高层次的创新创业实践。

(2) 跨学科整合与跨界融合。在创新创业教育中,要重视跨学科整合与跨界融合,整合不同学科的资源,为学生提供更广泛的知识体系,并鼓励他们跨学科学习,实现不同领域知识的融合。在项目实践中,应该打破学科壁垒,组建跨学科团队,让不同专业的学生共同参与项目。同时,应鼓励不同领域的人才进行跨界合作,共同推动创新,通过合作解决复杂问题,可以锻炼学生的综合能力和解决问题的能力。这样的整合和融合有助于培养具有创新精神和跨界视野的人才,促进创新成果的产生。

(3) 创新创业教育课程体系。构建符合创新创业人才培养需求的课程体系,提高创新创业教育的系统性和实效性。通过开设创新创业基础课程,培养学生创新创业意识,帮助学生了解创新创业基本知识；通过开设创新创业技术课程，为学生提供专业知识和技能，包括人工智能、大数据、3D打印等新技术领域的课程；通过开设创新创业实践课程，帮助学生将理论知识应用到实际工作中。

(4) 师资队伍建设。在师资队伍建设方面，应该培养和引进具备创新思维和创业经验的教师，以提升教师的创新创业教育水平。教师应引导学生发掘和培养自身的创新创业能力，为了更好地履行职责，创新创业教师的角色应从单纯的知识传授者向指导者和合作伙伴转变，为学生提供个性化的指导和支持，特别是在解决项目实施过程中遇到的问题时，应给予必要的帮助和建议，这样的师资队伍建设将有力地促进学生的创新创业能力发展。

(5) 创业教育平台。打造创业教育平台是一项重要的举措，该平台旨在整合校内外资源，为学生提供全方位的创业支持。除了提供政策咨询和项目对接服务外，该平台还应发挥融资功能，帮助学生解决创业过程中可能遇到的资金问题。通过这样的平台，学生可以获得更广泛的资源支持，从而降低创业风险，提高成功率。

(6) 创新创业实践。将实践环节视为高校创新创业教育的重要组成部分，鼓励学生参与创新创业实践活动、培养学生的实践能力和创新思维。通过设置奖励机制、创立创业基金、选拔优秀人才等方式，为学生创造更多的学习和实践机会；积极引导学生参与各类创新实践项目和多元化竞赛活动，这些项目和竞赛，如大学生创新创业训练计划项目、实习实训、"挑战杯"竞赛等，旨在让学生在实践中掌握创新创业的技巧和方法，进一步提升他们的创新创业素质和实践能力。

(7) 项目式学习。项目式学习是一种有效的教学方法，通过实践引导学生发现问题、解决问题，并培养他们的团队协作能力和综合能力。在大学生创新创业教育中，实施项目式教学需要从选择合适的项目开始，明确目标，组织合作学习，并提供必要的指导与支持。通过项目式学习，学生能够将理论知识与实践相结合，培养自己的创新思维和创业能力。

(8) 创业教育活动。为了激发学生的创新思维和提升他们的创业能力，应积极策划和组织各种创新创业教育活动，这些活动可以涵盖创新创业大赛、创业沙龙、创业论坛等，以提供多元化的学习体验。通过参与这些活动，学生不仅能够拓宽视野，增强实践能力，还能与同龄人和业界专家进行深入交流，汲取宝贵的经验和建议，培养他们的创新精神和创业能力，为他们的未来发展奠定坚实的基础。

(9) 校企合作。高校与企业、行业协会等进行合作，为学生提供更多的实践机会，这样学生不仅能够将所学知识运用到实际工作中，还能提前了解和适应未来的工作环境。同时，这种合作模式也有助于高校与企业和行业保持紧密的联系，共同推动创新创业教育的发展。

(10) 国际交流与合作。为了提高学生的国际视野和竞争力，应该积极开展国际交流与合作，引进国外先进的创新创业教育理念和资源。通过这种方式，学生可以获得更广泛的视野和更丰富的资源，进一步激发他们的创新能力和创业精神。同时，国际交流与合作也可以为学生提供更多的机会和平台，让他们更好地展示自己的才华和实力。

(11) 创新创业氛围。为了营造创新创业的文化氛围，应积极宣传和推广创新创业的成功案例和经验，以提高大学生对创新创业的认知度和认同感。通过举办各类创新创业活动和搭建创客空间，培育鼓励创新，进而营造出一种鼓励和支持大学生创新创业的环境氛围。

(12) 思政引领。将思政教育中的社会主义核心价值观、爱国主义、集体主义等核心价值观念融入创新创业教育中，帮助学生树立正确的创业观和价值观，以培养具有强烈社会责任感和担当精神的优秀创新创业人才。

(13) 传统文化融入。从古至今，中国的传统艺术、工艺和哲学思想都对世界产生了深远的影响，全球化背景下，传统文化的价值与创新教育的关系逐渐受到关注。在创新创业教育中，传统文化资源被视为一种"智库"，有助于学生开阔视野，激发创新思维。通过挖掘传统文化资源、结合传统与现代、加强实践与应用、建立本土文化的创新平台，将传统文化融入创新创业教育，可以培养出既有创新精神又具备文化底蕴的新时代人才。

思考练习题

(1) 请描述我们所处时代的特点，并说明创新对这个时代的重要意义。

(2) 请结合时代特点，谈一谈当代大学生的责任和使命。

(3) 请按照"双创型人才"的素质要求进行全面的自我评估，并基于这个评估结果，完成一份创新创业素质提升规划。

第三章
创新思维与批判性思维

内容概述

本章讲解的内容包括以下4个方面：

（1）对发散思维、形象思维、灵感思维九大创新思维类型进行介绍；

（2）对习惯性思维、书本式思维等定式维进行介绍，指明定式思维对创新的消影响；

（3）介绍创新思维品质培养和提升的方，要求人们克服思维障碍，运用正确的维沿着创新的方向思考；

（4）介绍批判性思维基本概念、核心构要素，以及与创新思维的关系。

目标与任务

了解创新思维特点和常见的创新思维类型，学会运用正确的思维进行创造性思考；认清思维定式对创新的消极影响，学会避开定式思维的陷阱；掌握创新思维品质培养和提升的方法，不断提高自己的创新思维品质；了解什么是批判性思维，以及批判性思维与创新思维的关系，学会运用批判性思维与创新思维解决问题。

第一节 创新思维

　　相对于常规思维，创新思维在对已有信息进行加工处理时具有新颖、灵活、变通、全面、系统的特点，因此在解决问题和产生创意方面具有独特优势。当我们采用常规方法无法解决或解决问题效果不明显时，可以借助创新思维来另辟蹊径，从而获得更为理想的问题解决方案。

　　在创新中经常用到的创新思维类型包括发散思维、形象思维、灵感思维、类比思维、逆向思维、转换思维、水平思维、系统思维、图解思维等。

一、发散思维

　　发散思维又称为辐射思维、放射思维，它被心理学家认为是与创造力最相关的一种思维方式，是测定一个人创造力水平高低的主要标志之一。发散思维的最大特点是思考的跳跃性、流畅性和变通性，它不受传统规则和方法的限制，可以从不同角度、不同方向进行思考。在发明创造中应用发散思维的好处是，可以借助发散思维在短时间内生成大量的概念和想法，为问题的解决提供尽可能多的方案。

案例 非常用途测验

　　非常用途测验，源自心理学家J. P. 吉尔福德在1967年提出的构想。该测试聚焦于评估个体思维的灵活性与创新性，具体来说，它通过考察被试者对日常物品的非传统或非常规用途的联想能力，来评估其思维的发散与变通程度，进而判断其创造力水平。在测试中，被试者需在限定时间(一般为3～8分钟)内，列举出特定物品的多种非常规用途。举例来说，如果以砖头为测试物品，被试者甲可能列举出如盖房子、盖仓库、建教室、修烟囱、铺路、修炉灶等用途，这些答案虽然展示了砖头的多种功能，但仍主要集中在"建筑材料"的框架内，显露出其思维的局限性和较少的变通性；相较之下，被试者乙的列举则更为多样和富有创意，如用砖头来写字、制作棋盘、支撑书架、作为烘干器，甚至收集雨水等，这种思维的广泛发散与灵活运用，展示了其对砖头非常规用途的深刻洞察和创意思考，因而乙通常会被认为具有更高的创造力水平。

二、形象思维

　　形象思维是一种以反映事物的形象为主要特征的思维方法，具有生动、直观和整体的特点。形象思维可引发联想、诱发想象、激发灵感，是一种在创造性活动中不可缺少的思维方法。无论是在艺术创作中还是科学研究中，形象思维都发挥着重要的作用。

形象思维利用表象进行思维活动，或是利用头脑中存储的已有的表象解决问题，或是在现有表象基础上通过想象构建出新的形象来解决问题，因而在平时的生活中我们要善于观察并有意识地去进行表象的积累，只有在头脑中存储大量的表象材料，才能保证形象思维高效地工作。

案例 想象力比知识重要

形象思维能力直接反映着一个人的想象力水平，因为想象力是人们通过创造性地构建图像或场景来解决问题或展示创新思维的一种能力。

爱因斯坦曾经说过："想象力比知识重要，因为知识是有限的，而想象力是无限的！"爱因斯坦在科学上取得了惊人的成就，很大程度上得益于他独特而富有想象力的思维方式。他善于运用思维实验来构建和检验自己的理论，这种方法可以让他在头脑中模拟一些无法在现实中进行或观察到的情景。例如，他曾经想象自己乘坐一束光线，在空间中飞行，从而得到了相对论中关于时间和空间相对性的灵感。他还曾经想象自己处于一个加速运动或受到重力作用的电梯内，从而推导出相对论中关于引力和加速度等价性的结论。

三、灵感思维

灵感思维又称顿悟思维，是指人们在科学研究、发明创造、产品研发或问题求解过程中，突然涌现、瞬息即逝，使问题得到解决的思维过程。灵感思维有偶然性、突发性、创造性等特点。

灵感思维常常不经意间出现在艺术创作和科学研究过程中，特别是当人们对某一问题的答案苦苦思索却求而不得的时候，会突然因为受到某一事物的启发，而思路泉涌，一下子找到解决问题的办法，使当事人"恍然大悟"和"茅塞顿开"。

灵感思维，正如它的名字一样，常常给人一种变幻莫测、不可捉摸的感觉，甚至将其视为一种非人力所为的神秘力量。随着科学的发展，人们弄清了灵感思维发生的机理，就是潜意识在受到外界刺激的情况下与意识突然连通的一种思维现象，通常当人们对某一领域保持长期持续的关注、对研究对象投以高度的热情和积极的态度时，往往会迎来更多的灵感。

案例 四冲程发动机的诞生

1861年的一天，德国发明家罗斯·奥古斯特·奥托刚经历了一天疲劳的工作。他毫无食欲地拿起一块面包，反复捏着它，看着面包的体积时大时小，他突然灵机一动，想到一个词：压缩！同样大小的体积，经过压缩容量却多出了好几倍，这就意味着燃烧后产生的功率也大出了好几倍。经过持续地研发和改进，奥托终于制造了由进气、压缩、膨胀、排气四个过程组成的四冲程发动机，如图3-1所示。和之前的发动机相比，奥托的四冲程发动机具有体积小、分量轻、功率大的特点。它的出现使汽车的诞生具有了可能性，自那时起截至今天，人类生产的汽车中约有99%使用的是根据奥托循环原理制成的发动机。

图3-1　奥托发明的四冲程发动机

四、类比思维

类比思维是指对于在一些属性上相同或相似的两个对象，由其中一个对象具有这些属性之外的其他属性，推断另一个对象也可以具有这些属性之外的其他属性的思维方法。

类比思维无论是对于日常生活还是科学研究都具有非常重要的价值，它可以启发我们思考，根据现有的具有某种特性的事物创造出同样具有这种特性的新事物，从而帮助我们解决在生活中或工作中遇到的各种问题。历史上有很多重要的发现和发明都是通过类比思维获得的，如鲁班锯就是鲁班受到丝茅草叶子的启发而发明的。

案例　世界上第一只自由行动的深潜器

瑞士著名科学家奥古斯特·皮卡德是一位研究大气平流层的专家，他设计的平流层气球曾飞到15 690米的高空。后来他又把兴趣转到了海洋，研究海洋深潜器。尽管海和天完全不同，但水和空气都是流体，因此皮卡德在研究海洋深潜器时，首先就想到利用平流层气球的原理来改进深潜器。在这以前，深潜器既不能自行浮出水面，又不能在海底自由行动，还要依靠钢缆吊入水中，这使潜水深度受到钢缆强度的限制，但钢缆越长，自身重量就越大，也就容易断裂，所以过去的深潜器一直无法突破2000米的深度。

皮卡德由平流层气球联想到海洋深潜器。平流层气球由两部分组成：充满比空气轻的气体的气球和吊在气球下面的载人舱。利用气球的浮力，使载人舱升上高空，如果在深潜器上加一只浮筒，它不就可以像"气球"一样在海水中自行上浮了吗？由此皮卡德设计了一只由钢制潜水球和外形像船一样的浮筒组成的深潜器，在浮筒中充满比海水轻的汽油，为深潜器增加浮力，同时在潜水球中放入铁砂作为压舱物，使深潜器沉入海底。当深潜器要上浮时，只要将压舱的铁砂抛入海中，就可借助浮筒的浮力升至海上。再为深潜器配上动力系统，它就可以在任何深度的海洋中自由行动了。第一次试验，这种深潜器就下潜到1380米深的海底，后来又下潜到4042米深的海底。皮卡德设计的另一艘深潜器"的里雅斯特"，如图3-2所示，下潜到世界上最深的洋底——10 916.8米，成为当时世界上潜得最深的深潜器，皮卡德也因此获得"上天入海的科学家"的美名。

图3-2　"的里雅斯特"深潜器模型图

五、逆向思维

按照矛盾对立统一的规律，任何事物和现象都有其对立面，比如大与小、高与矮、上与下、粗糙与光滑、干燥与湿润、折叠与打开、结冰与融化等。但由于受到长期的生活经验和习惯的影响，我们在思考问题的时候往往习惯沿着一个方向进行思考，有时这种正面思考对问题的解决并无价值，甚至是南辕北辙。此时，大家不妨尝试采用逆向思维的方式。

逆向思维又称作倒转思维，是正向思考的逆向过程，是对传统、惯例、常识、习惯性的想法和做法"反其道而行之"，打破因经验和习惯造成的僵化和教条的认知模式，尝试从相反的方向寻找解决问题的新路径。

案例　**法拉第发现电磁感应定律**

1820年，丹麦哥本哈根大学的物理学教授汉斯·奥斯特通过一系列的实验，揭示了电流的磁效应。这一开创性的发现迅速传播到欧洲大陆，吸引了一大批热衷于电磁学研究的科学家。英国物理学家迈克尔·法拉第带着浓厚的兴趣，重复进行了奥斯特的实验。令他惊奇的是，当电流通过导线时，导线附近的磁针立刻发生了偏转。那时，德国的古典哲学辩证思想已经开始在英国传播，受到这种哲学思想的影响，法拉第坚信电和磁之间必然存在某种联系。因此，他大胆地设想，既然电流可以产生磁场，那么磁场也应当能够产生电流。为了验证这一设想，他从1821年开始进行一系列的实验，试图从磁场中生成电流，尽管经历了无数次的实验失败，但法拉第坚信自己的反向思考方法是正确的。

法拉第进行了一系列实验，他将一块条形磁铁插入一个装有导线的空心圆筒中。结果令人惊喜，导线两端的电流计指针微弱地转动，这意味着电流产生了！接下来，他又设计了一系列其他实验，如两个线圈的相对运动，发现磁作用力的变化同样能产生电流。经过十年的不懈努力，法拉第在1831年成功地提出了著名的电磁感应定律。基于这一理论，他进一步研发出了世界上第一台发电装置。

运用逆向思维去分析和解决问题，往往能够获得意想不到的结果。法拉第正是运用逆向思维的方法，才成功地发现了电磁感应定律。这一定律已对我们的生活产生了深远的影响。

六、转换思维

有诗云："横看成岭侧成峰，远近高低各不同。"事物具有多样性的特点，如果我们只是从单一视角去观察了解事物，结果往往会陷入一种"盲人摸象"式的认知错误当中。为了能够精确地理解某一事物的内涵和外延，需要我们学会使用转换思维。

转换思维可以让我们从多个角度观察同一事物，从多个层次、多个方面思考同一问题，让我们对事物和问题有一个全面的认识和了解。思维转换通常有成人与孩子之间的转换，男人与女人之间的转换，历史、现实与未来的转换，整体与局部的转换，肯定与否定的转换，科学与艺术的转换等。

在进行发明创造时，转换思维可以帮助我们打破思维定式，通过转换不同视角发现更多解决问题的可能性，从而获得更多备选方案，经过评估和筛选最终获得解决问题的理想方案。

案例 聘请小孩子为设计顾问

在美国，竟有一个6岁的小女孩成了百万富翁，并且她作为最年轻的百万富翁和最年轻的商人被载入《吉尼斯世界纪录》。

玛丽亚出生在萨尔瓦多一个贫穷的家庭，6岁时，有一天她随父亲到著名玩具商唐纳德•斯帕克特的家里擦洗玻璃窗，正好碰见了手里拿着玩具的斯帕克特。斯帕克特问她："你喜欢这些玩具吗？"她回答道："你手里的这些玩具我都不喜欢。"然后逐一数落起这些玩具的缺点。斯帕克特觉得这是一个与众不同的小女孩，于是把她带到屋里，将各种玩具摆在她的面前，征求她的意见。玛丽亚的意见说得非常准确、切中要害，斯帕克特十分高兴地聘请她出任公司的设计顾问，并签订了一份长期合同。斯帕克特在谈到为什么聘请6岁的玛丽亚做公司的顾问时说了这么一番话："为什么玩具设计师设计的玩具单调、陈旧，没什么新鲜感，很难引起儿童的兴趣？因为那些设计师都是成年人，他们已经形成了思维定式，很难从孩子的角度来设计玩具。要想设计出受欢迎的玩具，必须知道孩子们的想法。"经小玛丽亚鉴别过的玩具给公司带来了高额的利润，她也得到了丰厚的回报。

七、水平思维

水平思维是指以非正统的方式或者显然非逻辑的方式寻求解决问题的办法。它强调寻求看待事物的不同方法和不同路径，而不是通过传统的连续性、逻辑性和线性思维来寻找答案。

水平思维是对事物各种情况及各种可能性的假设和枚举，运用水平思维，我们可以从不同角度、不同侧面来看待一个问题，从与思考对象相关的、可能相关的，甚至不相关的任何事物中寻求解决问题的方法。常规逻辑关注的是"真相"和"是什么"，而水平思维关注的是"可能性"和"可能是什么"。

在实践中，水平思维可以通过多种方式进行应用，如在商业策略、产品设计、组织管理等领域中，可通过应用水平思维寻求新的市场机会、创新产品设计或解决组织管理问题等。同时，可以通过培训和练习来提高个人的水平思维能力，帮助人们更好地应对复杂的问题和挑战。

案例 **黑石头与白石头**

伦敦有位商人，因生意亏损欠了高利贷债主一笔巨款。又老又丑的债主看上了商人青春美丽的女儿，便要求商人用女儿来抵债。商人和女儿听到这个提议都十分恐慌。

狡猾伪善的高利贷债主故作仁慈，建议这件事听从上天安排。他会在空钱袋里放入一颗黑石子，一颗白石子，然后让商人女儿伸手摸出其一。如果女儿拣中的是黑石子，她就要嫁给他，商人的债务也不用还了；如果她拣中的是白石子，她不但可以回到父亲身边，债务也一笔勾销；但是，假如她拒绝探手一试，她父亲就要入狱。虽然不情愿，商人的女儿还是答应试一试。当时，他们正在花园中铺满石子的小径上，高利贷债主随即弯腰拾起两颗小石子放入袋中。敏锐的少女突然察觉：两颗小石子竟然全是黑的！面对债主的诓骗女孩不发一语，冷静地伸手探入袋中，漫不经心似的，眼睛看着别处，当摸出石子时她突然手一松，石子便顺势滚落到路边的石子堆里，分辨不出是哪一颗了。"噢，看我笨手笨脚的！"女孩惊呼道，"不过，没关系，现在只需看看袋子里剩下的这颗石子是什么颜色，就可以知道我刚才选的那一颗是黑是白了。"当然，袋子中剩下的石子一定是黑色的，债主既然不能承认自己的诡诈，也就只好承认她选中的是白石子。一场债务风波有惊无险地落幕。

故事中的女孩突破了传统思维模式，采用了水平思维方式，不把关键摆在选出的石子，而是换一个角度，看袋子里剩下的石子是什么颜色，由此把险恶的危机转变成有利的情况。

八、系统思维

系统思维要求我们在认识一个对象时，要先将对象看作是一个由多个要素构成的整体，并从系统与要素、要素与要素、系统与环境的相互关系和相互作用中去整体把握认识对象。简而言之，就是要进行系统思考。

那么，在平时的创新过程中，我们如何才能做到系统思考呢？管理学大师彼得·圣吉在《第五项修炼》一书中将系统思考的核心归结为两点：一是理解事物的关联关系和结构；二是理解事物的变化过程。这就说明我们在进行思考时不仅要坚持整体性、结构性原则，从不同层次、不同要素和不同角度全面认识事物的性质，还应该坚持动态性原则，用发展的、变化的思维来认识事物。

在企业创新中，系统思维强调企业发展的整体性和可持续性，将项目视为一个整体，强调各要素之间的相互关联和协同作用，因而能够实现更高效率、更高质量的创新。在竞争激烈的商业环境中，系统思维创新的重要性日益凸显，这种思维方式有助于企业在复杂多变的竞争环境中，发现并抓住机遇，提升竞争优势。

案例 大疆无人机系统化创新之路

大疆(DJI)创新科技有限公司，是全球领先的无人飞行器控制系统及无人机解决方案的研发和生产商，是第一个将无人机应用在商业领域并获得成功的企业，客户遍布全球100多个国家，占据着全球70%的无人机市场份额。大疆的产品主要包括消费级无人机、专业无人机和农业无人机，独特的技术和创新精神使其在全球范围内脱颖而出，受到了广泛的关注和认可。

系统思维是使大疆保持行业领先优势的关键因素之一，大疆在产品设计和研发中，对系统思维的应用表现在整体性思考、客户需求导向、模块化设计、迭代优化和技术整合与创新等方面。

(1) **整体性思考**。大疆在产品设计和开发中，始终从整体性思考出发，考虑产品的各个组成部分之间的关系和影响，以及产品与外部环境之间的关系。例如，在设计和开发无人机时，大疆会综合考虑飞控系统、导航系统、摄像头系统等多个部分，确保它们之间的协调和优化，从而实现更好的整体性能。

(2) **客户需求导向**。大疆注重客户需求的研究和满足，通过深入了解客户的需求和痛点，有针对性地进行产品设计和功能优化。例如，大疆的Phantom系列无人机针对专业航拍市场，通过优化摄像头性能、飞行控制算法等，提供高质量的航拍体验。

(3) **模块化设计**。大疆在产品设计和开发中采用模块化设计的方式，将产品分解为多个模块，每个模块具有独立的功能和性能。这种设计方式使得产品更易于维护、升级和扩展。例如，大疆的无人机可以拆卸和更换不同的摄像头、电池和桨叶等部件，以满足不同用户的需求。

(4) **迭代优化**。大疆在产品设计和开发中注重迭代优化，不断对产品进行改进和升级。通过不断收集用户反馈和测试数据，大疆可以有针对性地进行问题分析和改进方案制定，从而快速实现产品优化。

(5) **技术整合与创新**。大疆在产品设计和开发中注重技术整合与创新，将最新的科技应用于产品中。例如，大疆的无人机采用了先进的导航技术、摄像头技术和飞控算法等，使其能够实现自主飞行、避障、精准定位等功能。

九、图解思维

图解思维是一种"用眼睛看"的思考工具，通过插画、图形、图表、表格、关键词等把信息传达出来，帮助我们有效地分析和理解问题，寻求解决问题的方案。世界著名的心理学家、教育学家托尼·博赞在研究大脑的力量和潜能的时候，惊奇地发现伟大的艺术家达·芬奇的笔记本中充满了图画、代号和连线，他意识到这可能是达·芬奇在很多领域取得成功的原因所在。在此基础上，托尼·博赞于20世纪60年代发明了思维导图，这种思考方法一经公布很快风靡全球。

运用图解思维可以使发散思维得到的想法和创意更加直观地呈现在纸上。当我们用语言和文字来表述发散思考得到的结果时，大脑处于盲目的、无序的状态，可能会遗漏一些解决问题的办法。如果将思想绘制成图，因为条理清楚，所以能够更全面地搜寻各种潜在的可能性，帮助我们在短时间内找到更多解决问题的办法。

案例　达·芬奇的笔记本

在列奥纳多·达·芬奇逝世500年后的今天，他的画作《蒙娜丽莎》和《最后的晚餐》早已无人不知。但很多人不知道，达·芬奇的科学笔记也同样伟大，其中所展现的创造力远远超越了他所处的时代。达·芬奇过世后留下的手稿有6000页之多，内容包括他对自然的观察、对人体的研究和大量的机械发明。

达·芬奇在笔记本中使用了大量的图像、图表、插画和各种符号来捕捉闪现在大脑中的创造性想法。如图3-3所示，达·芬奇为了研究载人飞行器，设计了一个扑翼装置，下方挂上重物，以试验如何通过扑打机翼抬起物体。

笔记本的核心内容都是以图像语言表达的，而文字相对来说处于次要地位。这种思考方法正是他在艺术、哲学、工程、生物等领域获得成功的原因。

东尼·伯赞称赞该笔记是世界上最有价值的资料之一。

图3-3　达·芬奇与他的扑翼装置手稿

第二节　思维定式对创新的消极影响

我们要想做出创新，首先需要进行正确的思考，但现实生活中，一个人由于受到周围环境和生活经验的影响，在思考问题时往往会不自觉地陷入思维的"陷阱"，即所谓的"惯性思考"，我们将这种按照习惯的、经验的、固定的模式分析和解决问题的现象称作"思维定式"。思维定式阻碍创新思维的发展，最终影响一个人创造力的发挥，因此我们有必要对思维定式进行了解，以便在今后的创造性活动中有意识地去突破思维定式。

一、习惯性思维定式

习惯性思维又称经验式思维，是人们头脑中普遍存在的一种思考问题的方式，它是人们长期生活经验在头脑中产生映射的结果。习惯性思维对于生活中一般性问题的解决具有积极的一面，特别是一些约定俗成的建立在经验基础上的"共识"，对于整个社会秩序的维持，以及日常事务处理效率的提高很有帮助。但同时，习惯性思维往往限制了思维的灵活性，导致思维陷入陈旧和僵化，让人们错失创造性解决问题的机会。

二、书本式思维定式

书本是我们获取知识的重要途径，也是指导我们解决生活中具体问题的参考和指南，但同时也可能会使我们陷入"书本式思维定式"。书本式思维定式就是将书本知识真理化、绝对化，片面夸大书本知识的作用，这样会让我们在创新时陷入认识上的盲区，在解决具体问题时往往脱离实际，不但达不到预期的效果，甚至产生有害的影响。

三、权威型思维定式

权威型思维定式，是将权威人物的思想观点或行为做法当作是价值判断和解决一切问题的标准。权威型思维定式会限制人的思考能力，导致思维惰性，特别是在群体性创新活动中，会影响群众智慧的发挥，让整个团体失去创造的活力。

四、从众型思维定式

人生活在社会群体中，思考问题的模式和行为方式会不自觉地互相影响，从众心理是一个人寻求安全感和归属感的自然表现，是最常见的一种思维定式。创新往往需要有"敢为天下先"的决心和勇气，乐于冒险，所以从众心理对创新而言往往起着阻碍作用。作为大学生，要有意识地培养自己独立思考的能力，不能人云亦云，只有摒弃从众思维，大胆去尝试，日复一日地坚持下去，才能收获意外的惊喜，最终得到创新的褒奖。

五、局限型思维定式

我们要想真正认识一个事物，就应该学会从各个角度进行全面的分析了解，但人们的思维往往存在一定程度的局限性。思维的局限性表现在，当认识和分析问题时往往"只见树木不见森林"，从一个孤立的而非联系的、静止的而非变化的、片面的而非全面的角度去进行，这样就不可能真正把握一个问题的本质，也就不可能得到一个解决问题的完美方案。创新是系统性地解决问题，因此我们要养成系统性思考的习惯，对整个系统以及系统各要素之间的关系都要进行全面的认识和了解，只有这样我们才能做出更有价值的创新。

第三节 培养创新思维品质

通过前面的讲解，我们认识到创新需要我们用正确的思维进行思考，同时也了解到在思考过程中我们往往会不自觉地陷入一定的思维定式当中，从而对创新产生不利影响，这就要求我们在平时的学习和生活中要有意识地训练和培养自己的创新思维，不断突破思维定式，逐步提高创新思维品质。

所谓创新思维品质，是指对开展创新实践活动有利的、能够对产出新的创意和结果产生积极影响的思维能力的特点及其表现。

本节为大家介绍一下进行思维品质培养和提升的方法，以此来帮助大家在创新中克服思维障碍，运用正确的思维沿着创新的方向去思考。

一、敢于质疑和发问

明代文学家陈献章在《白沙子·与张廷实》中写道："前辈谓学贵有疑，小疑则小进，大疑则大进。疑者，觉悟之机也，一番觉悟，一番长进。"以此来鼓励人们在学习中要勇于质疑，因为通过质疑可以促进思考和理解，小的质疑可以带来小的进步，大的质疑可以带来大的进步。

质疑和发问是一个优秀的创新者需要具备的基本素质和能力，因为创新本身就是一个否定之否定的过程，正所谓不破不立，先破后立，创新始于质疑，认识源于发问，质疑是创新的前奏，推动事物向前发展，思考与发问可以让认识不断深入直到事物的本质。因此，在学习和生活中，我们要敢于对一些保守的习惯和传统产生怀疑，尊重书本知识、尊重权威，但不能迷信，要培养自己的独立思考能力，敢于和善于提出各种问题。

质疑和发问既是一种精神，也是一种习惯，大家不妨尝试着回答下面的问题，来测试一下自己是否已经具备了这种习惯。

(1) 你对周围环境感觉如何？

(2) 你对事物的状况满意吗？

(3) 当别人对某一物品或事件提出自己的看法时，你是否会换一个角度提出不同甚至是相反的意见？

(4) 当你听到别人对某一问题的答案后，你是否会继续进一步追问？

二、富于幻想

富于幻想是一种非常可贵的思维品质，幻想力是创造力最重要的成分之一。古往今来，幻想对于发明和创造都具有十分重要的意义，飞机的发明源于人类对于像鸟一样展翅翱翔的幻想，现代通信工具的发明离不开人们对"千里眼"和"顺风耳"的幻想。幻想与现实之间并非遥不可及、不可逾越，创新正是连接幻想与现实之间的桥梁，只要人类敢于幻想，且永不停息地创

图3-4 "嫦娥一号"月球探测卫星

(1) 为外星人建造住宅；

(2) 骑着一条鱼去环球旅行；

(3) 在北极种植热带水果。

新，就会有越来越多的幻想被实现。

如图3-4所示，"嫦娥一号"月球探测卫星发射成功，使中华民族寄托了千年的"嫦娥奔月"幻想终成现实。

编写科幻故事有助于培养大家的想象力，摆脱所有的条件限制，通过天马行空的幻想，将现实中的不可能变为可能。请大家尝试根据下面拟定的题目完成一篇科幻故事：

三、培养预见思维能力

创新从某种意义上讲就是做出之前没有的事物，因此要求创新者不能因循守旧，要对尚未发生的事物具有一定的前瞻性，即具有预见未来的能力，要能够预见公众愿望的变化方向，进而开发出公众所需要与期望的产品。

概念设计有助于培养和锻炼设计师的预见能力。概念设计不同于一般的常规设计，常规设计的主要目标是针对当下的问题和需求展开，在设计过程中要充分考虑设计的可实现性及其价格成本，而概念设计是建立在人类对于未来的预想和愿望的基础上，设计师在自己的预见能力所能达到的范围内，针对未来某一领域的需求所进行的探索性、前瞻性的设计，因此可以在某种程度上超越现有的生活水平、技术条件和价格成本的限制。如图3-5所示，设计师针对未来交通安全问题，提出了泡泡车概念设计解决方案。

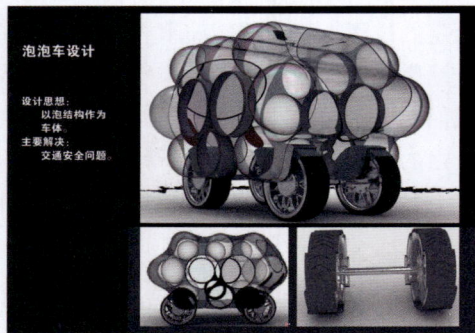

图3-5 泡泡车概念设计

概念设计虽然充满了强烈的超前意识和艺术性，缺乏落地性和现实的市场价值，但却是对市场未来需求变化、产品功能及设计风格的大胆预测，对于企业进行发展规划，及时调整产品研发方向和目标具有十分重要的意义。

请同学们针对以下问题展开前瞻性思考，并分析需求，提炼设计概念，完成相应的概念设计。

(1) 想象一下30年后的城市会发生哪些变化，由此会产生哪些需求？

(2) 你估计未来环境将是怎样的？人类对能源的利用将如何发展，以及产品将如何设计才能适应产品—环境—人三者之间关系的平衡？

(3) 你对未来老龄化社会的看法是什么？你打算做些什么？

第四节 关于批判性思维

一、批判性思维的概念

批判性思维，是一种深思熟虑、审慎的思维方式，它要求我们根据一定的准则或标准来评估自己的思维，并不断完善。这种思维方式不仅是一种技能，也是一种态度，它要求我们对他人的观点、做法或思维过程进行深入的评估、质疑和修正，通过细致的分析、比较和综合，我们能够更准确、全面地认识事物的本质。

批判性思维的起源可追溯到2500年前。古希腊思想家苏格拉底认为，一切知识均从疑难中产生，愈求进步疑难愈多，疑难愈多进步愈大。苏格拉底被视为批判性思维和哲学思考的先驱，他提倡通过问答的方式探索真理，通过不断质疑和反思来深入理解事物。这种思维方式强调对问题进行深入探究，不轻易接受表面的事实或传统的观念，对于后来的哲学和科学思想产生了深远的影响。

在现代，批判性思维被普遍认为是教育的重要目标之一，它不仅在学术领域中发挥着重要的作用，也在日常生活和工作中具有实际的应用价值。通过培养批判性思维能力，人们能够更好地分析问题、评估信息、做出明智的决策，并且对不同观点进行客观的评估和讨论。

二、批判性思维的要素

批判性思维的核心要素包括观察与问题识别、分析相关信息、逻辑推理与推断、假设与理论构建、评估与判断、沟通与表达，以及反思与自我修正。

1. 观察与问题识别

批判性思维始于观察，通过对周围环境、事件和人际互动的观察，识别出存在的问题、矛盾和机会。拥有批判性思维的人具备敏锐的观察力，能够注意到别人忽视的信息，从而提出问题、发现问题，并提出相应的解决策略。观察与问题识别能力，有助于我们更好地理解与应对现实挑战，还能够推动我们不断创新。

2. 分析相关信息

拥有批判性思维的人善于收集和整理相关信息，并将其转化为有价值的信息资源。他们理解信息来源的可靠性和准确性，能够识别信息中的矛盾和偏见，并对其进行深入的分析和比较。

分析相关信息的能力，有助于我们全面了解问题，为后续的推理和判断提供依据。

3. 逻辑推理与推断

逻辑推理是批判性思维的核心技能之一，它要求我们使用清晰、严谨的推理过程来得出结论。拥有批判性思维的人能够识别因果关系、归纳和演绎推理的有效性，并推导出合理的结论。

逻辑推理与推断思维方式，有助于我们避免偏见和错误的推理，能够更准确地理解和评估问题。

4. 假设与理论构建

拥有批判性思维的人具备构建假设和理论的能力，他们能够根据已有的信息和证据提出假设，并对其进行验证和修正。此外，他们还善于总结归纳经验和知识，构建理论框架来解释和预测现象。

假设与理论构建思维方式，有助于我们深入探究问题的本质，提出具有创新性的解决方案。

5. 评估与判断

评估与判断是批判性思维的关键要素之一，它涉及对信息、观点或证据的准确性、可靠性和合理性的评价。拥有批判性思维的人具备判断评估的能力，能够区分真实和虚假的信息，以及区分强有力的论点和偏见。

评估与判断思维方式，有助于我们做出明智的决策，避免被误导或欺骗。

6. 沟通与表达

拥有批判性思维的人具备良好的沟通与表达能力，他们能够清晰地阐述自己的观点和论据，并有效地传达给他人。此外，他们还善于倾听和理解他人的观点，并进行有效的交流和讨论。

沟通与表达能力，有助于我们更好地与他人合作，达成共识，解决问题。

7. 反思与自我修正

反思与自我修正是指对自身的思维过程进行审视和调整的能力。拥有批判性思维的人具备自我反省的能力，能够对自己的观点、推理和判断进行评估和修正。他们勇于承认错误，不断完善自己的思维方式。

反思与自我修正能力，有助于我们不断提高自身的批判性思维能力，成为一个更为全面的思考者。

三、批判性思维与创新思维的关系

1. 批判性思维孕育创新精神

一个人的创新能力和经验固然重要，但拥有创新精神是首要条件，创新精神是一切创新活动的起始，并贯穿整个创新过程，直接关系着创新的效果和成败。

(1) 创新是一个破旧立新的过程，因此创新精神首先体现在对原有事物的批判与质疑，对传统和权威的反思和超越，对现有的规则和框架的挑战，时刻以批判性的眼光看待周围的世界。

(2) 创新精神是一种对新生事物勇于探索和敢于尝试的精神状态，愿意主动去了解和探究事情的原委和事物的真相。

(3) 创新精神强调独立思考，而非人云亦云，鼓励对待任何事物都要进行认真反思，而非被动接受。

以上这些创新精神的特质都是批判性思维的体现，正是批判性思维让创新精神得以孕育成形，可以说没有批判性思维就不可能有创新意识的觉醒和创新精神的产生。批判性思维激发人们去挑战传统的思维模式和行为方式，赋予人们勇往直前不断尝试新事物、探索新领域的智慧和勇气，推动创新的产生，避免人们因满足于现状而失去改变的动力。

2. 批判性思维为创新过程提供支撑

对于有些创新来说，需要经历一个复杂而系统的过程，为了便于创新活动的组织和开展，专家学者们将创新的过程划分为不同的阶段，比如将创新过程划分为四个阶段(准备、思考、顿悟和验证)，或是将创新过程划分为五个阶段(创新触发、创新构思、创新计划、创新实施、创新评价与反馈)，甚至将创新过程划分为七个阶段(基础性探索、技术发展与实验、信息扩散、接受、实现、评估和常规化)等。但无论把创新过程划分为几个阶段，整个创新过程中最为关键和重要的问题其实体现在两个方面：一方面是"确保创新做正确的事"；另一方面是"确保创新把事情做正确"，而批判性思维在这两方面都发挥着至关重要的作用。

在"确保创新做正确的事"方面，借助于批判性思维，通过深入分析和评估信息、数据和证据，人们可以更准确地识别市场需求、技术趋势和潜在机会，从而制定出更加合理的创新战略和目标。同时，让创新者在面对众多的信息资料时始终能保持一个客观、理性、审慎的态度，最终达到去伪存真，透过现象看本质的效果，发掘出当前存在的真实问题，洞察用户真正的需求，识别出创新机会，明确创新目标，把握创新方向。

在"确保创新把事情做正确"方面，批判性思维可以进一步发挥其分析、推理、解释和归纳的功能，在创新概念形成、创新思路发展、创新方案完成、创新方案评估方面提供科学有效的支撑。特别是在方案评估阶段，批判性思维能够帮助人们对创新过程和完成的方案进行全面反思，摆脱偏见和先入为主的观念，以更客观、全面的视角看待问题，进而发现潜在的问题、风险和改进空间，并采取相应的措施来提高效率、减少错误和优化结果，帮助人们做出更明智的选择，不断探索和优化创新的路径和方法，找到解决问题的最优解，以确保创新成果的最终转化和落地。

3. 批判性思维与创新思维互相促进

批判性思维与创新思维紧密相连，存在相辅相成的关系。批判性思维作为一种评估和解决问题的手段，基于推理和逻辑思考，其核心在于识别和分析各类信息，从而形成合理的解决策略。相对而言，创新思维则能催生新颖的想法或方法，需要的是灵活性和创造力，能够激发新的思路。

具体来说，批判性思维在问题的识别和解决方面起到关键作用，帮助人们聚焦于问题的拆解和解决。此外，它还为评估和验证创新思维提供支持。当新的想法产生时，创新思维帮助人们集中注意力并寻找可能的解决方案；而当有新的方案出现时，批判性思维将发挥作用，对这些方案进行评估和验证。

因此，批判性思维和创新思维是相辅相成的，两者共同助力达到同一目标，即成功地解决问题。在现实生活中，几乎所有创新成果的取得都是批判性思维和创新思维交互作用的结果。比如，苹果公司在研发iPhone系列产品时，巧妙地结合了批判性思维和创新思维。设计团队运用批判性思维深度剖析了市场上的手机，精准地识别出存在的问题和可优化之处。在此基础上，他们运用创新思维提出了独具匠心的解决方案，引领了一个崭新的市场潮流。这一成功案例充分展示了批判性思维与创新思维在产品研发中共同作用的重要性。

思考练习题

(1) 请总结概括创新思维的特点，尝试运用一种或多种创新思维解决生活中遇到的问题。

(2) 请举例说明思维定式对创新的消极影响，并阐述如何减少这些影响。

第四章
创新理论与方法

内容概述

本章讲解的内容包括以下3个方面：

(1) 介绍设计思维概念及其应用步骤；

(2) 介绍头脑风暴法的概念、原理和原则，以及开展实施程序；

(3) 对TRIZ发明问题解决理论进行系统全面介绍，包括TRIZ理论提出背景和意义、核心思想、体系构成等，以及对TRIZ常见的三类典型问题求解案例进行介绍。

目标与任务

了解设计思维、头脑风暴法及TRIZ发明问题理论对创新实践的价值与意义；掌握这三种创新方法的原理和核心思想；学会将设计思维、头脑风暴法和TRIZ发明问题理论应用于创新实践。

第一节　设计思维

一、设计思维概述

1987年，哈佛设计学院院长彼得·罗首次提出了"设计思维"这一概念，并将其写入了著作《设计思维》中。设计思维(design thinking)这个词语也正式进入了人们的视野。

1991年，大卫·凯利创立了IDEO公司，并将设计思维作为其公司核心思想，应用于商业实践中。目前，该公司已经成为全球最大设计咨询机构之一。

2005年，大卫·凯利获得了SAP创始人之一的哈索·普兰特纳博士的赞助，与斯坦福大学工程学院合作，联合成立了斯坦福大学哈索·普兰特纳设计研究院。研究院的目标是培养复合型、以人为本的创新设计师，而不仅仅是关注创新设计的新产品。研究院的人员来自各个学科和行业，包括工学院、艺术学院、管理学院、医学院、传媒学院、计算机科学学院、社会科学学院和理学院等。研究院的教学方法与其他机构不同，它不提供学位教育，也没有自己的学生，它的课程向斯坦福大学的所有研究生开放，强调跨学科的合作，宗旨是以设计思维来深化各个专业学位的教育。2007年，设计思维学院在德国波茨设立，德国的许多优秀企业，如奔驰、宝马等，都开始积极地学习设计思维的课程。

那么，设计思维到底是什么？它又是如何影响创新活动的呢？下面就对设计思维进行简单介绍。

设计思维是一种创新设计理念，被广泛应用于各个行业不同领域的创新活动中。设计思维强调以人为本、以用户为中心的原则，并寻求人文、技术和商业三者之间的平衡，以此来保证创新最大限度地满足用户需求，同时为企业创造价值。

另外，设计思维还是一套流程方法和创新工具集，为创新活动的开展提供全程指引，驱动创新不断向前。在设计思维的框架下，创新者可以时刻明确自己当前阶段的任务目标，并利用设计思维提供的方法和工具来实现每一阶段的目标，从而保证创新的最终效果。

案例　IBM公司与设计思维

作为分支机构遍布全球的百年科技企业，IBM公司积极探索，力求将自己重塑为一个"设计思维"公司。IBM公司在招聘1000多名专业设计师的同时，也对其管理层进行了大量关于设计思维的培训。IBM设计部总经理菲尔·吉尔伯特说："我们采取了一种新的工作模式，把用户放在第一位，把技术放在第二位，就是一种"以人为中心"的新商业模式和思维方式。"IBM公司希望通过打造自身的设计文化，在工作的方方面面都嵌入设计的元素。

IBM公司的设计人员主要分为5个方向：图形设计、用户体验设计、前端开发、工业设计和设计研究。人员的背景也更加多元化，包括人类学、心理学及社交专家、媒体专家，以及跨学科人才，他们与设计师一道密切协作，共同开发。

IBM公司深入了解用户需求，迅速构思出多项创意，并在消费者中进行测试，积极收集并分析用户反馈，基于这些反馈不断优化，最终打造优质的用户体验。同时，设计思维与IBM公司的大数据、云计算、移动和社交等方面的专长集成在一起。例如，一家航空公司有很多关于乘客的数据，包括乘客飞行频率、经常的目的地，甚至旅行途中的购物清单、是不是带着家人一起出行等，基于这些数据和IBM公司的分析技术，就可以运用设计思维的理念为乘客设计一款定制的应用，以此来改善用户的体验。

二、设计思维五步骤

设计思维是一种系统性的解决问题的方法，它强调从用户需求出发，通过理解用户需求、定义问题、生成创意、原型制作和测试与反馈五个步骤来找到最佳解决方案，如图4-1所示。通过设计思维的应用，可以帮助我们更好地理解用户需求，提升产品的用户体验和使用价值。

图4-1　设计思维步骤图

1. 理解用户需求

在设计思维中，理解用户需求是至关重要的第一步。在这一阶段要求设计师具备"同理心"，能够站在用户的角度去观察和思考问题，进而与用户产生共情，以期更好地理解目标用户的需求、痛点和期望。要想做到这一点，设计师就要抛开先入为主的想法，搁置自己对问题的认知和假设，通过访谈、观察、问卷调查等方式来收集用户反馈，并从中提取有用的信息，创建用户画像。

案例　儿童专属核磁共振检查室

对很多病患来说，核磁共振是再平常不过的检查方式，然而对孩子来说，要保持长时间一动不动地躺在冷冰冰的扫描仪器上，却是种煎熬。据统计，有将近80%的儿童(7岁以下)患者需要注射全身麻醉才能配合完成核磁共振检查。如何消除儿童患者的焦虑与不安，降低全身麻醉的使用率呢？放射科医生道格·迪茨把这个问题带到了斯坦福大学的设计思维课堂中。最终他收获了一个通过应用设计思维得出的解决方案：海盗船风格儿童专属核磁共振检查室。这款核磁共振仪没有做任何技术上的改动，只是把仪器画成了一个海盗船！这样，做核磁共振检查，就变成了游乐园的娱乐项目——海盗船，如图4-2所示。

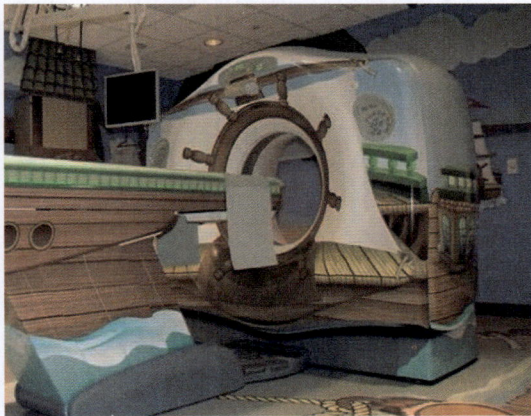

图4-2　海盗船核磁共振仪

当孩子躺上检查台时，不用穿上病服，而是穿上海盗服。医生会神秘地告诉孩子，"你的任务就是要潜入这艘海盗船。船体会发出各种响动和声音，但是你千万别动，一动就会被海盗发现，任务就失败了！"经过这样一个小小的改动，注射全身麻醉的孩子的比例从原来的80%直接降到了10%。

2. 定义问题

"设计思维"的第二阶段为"定义"问题。在理解用户需求的基础上，设计师需要将问题明确地定义出来，以便后续的创意和解决方案能够更具有针对性。定义问题需要设计师对用户需求进行深入分析，并从中找出最核心的问题点。同时，设计师还需要考虑如何平衡各种因素，如成本、技术、时间等。

在定义问题阶段，洞察起到了非常重要的作用，它能够帮助设计师深入理解问题的核心，把握问题的本质，从而更准确地定义问题，避免对问题的误解或偏见，使问题定义更加客观和准确，进而为后续的创意生成和解决方案提供明确的方向和约束。

案例　Embrace保温袋创新故事

2008年，在斯坦福大学求学的华裔女孩陈姿谕和她的同学们被分配了一个课堂项目，要从无到有地设计一款婴儿保温箱。当她了解到，每年全球出生的2000万早产儿和低体重婴儿中，接近400万因为无法维持体温活不过第一个月，就算幸存活也会罹患一些伴随终生的慢性病时，就决定要为那些贫穷地区的早产儿们做些什么。

在医疗条件发达地区，只需将早产儿放入恒温箱，小生命就能存活下来，然而售价高昂的恒温箱，在许多偏远村落依然是奢侈品，他们至今仍在使用热水袋、加热灯等有隐患的低效保温方法，来保持早产儿的体温。为了能创制一款低成本的保温箱，设计团队进行了大量的推演，并设计了最初的原始模型。接着一行人就怀揣着拯救新生儿的愿望，匆匆赶往印度。可到了当地他们才发现，原来设想的产品方案并没有任何实用性，印度医院里也不缺给婴儿使用的保温箱。经过深入研究妈妈们的真实需求，他们发现，原来在印度农村到医院的距离很远，刚出生的宝宝大多无法立即到达医院，所以才导致医院的恒温箱闲置、早产儿却因没有良好的保暖设施而夭折。在亲眼看见印度一个早产儿因为来不及使用恒温箱而去世后，陈姿谕深深地意识到：当地真正需要的是有保温功能并且便于携带的产品，这样才能安全地把早产儿带到医院。因此，设计团队重新定义了他们要解决的问题：如何设计和提供一个婴儿保暖装置，帮助偏远地区的母亲让早产儿活下来？

在树立了要解决费用高昂、路途遥远、恒温箱使用非常有限等问题的产品目标后，团队回到实验室，重新开始设计和讨论。为了选出最适合婴儿的安全材料，他们购买了市面上几乎所有的婴儿保暖产品进行分析；为了让这个救命的产品使用时无须医学常识和电源，他们不断挖掘多种材料进行测试。

随着研究的不断深入，他们终于在无数个被推翻的设计里找到一个足够实用的原型——不插电保温袋，如图4-3所示。这款Embrace保温袋，由一个婴儿睡袋，加上一个蜡包和一台加热机构成。蜡包的熔点是人体温度37℃，把加热融化的蜡包放进睡袋夹层，蜡包会在凝固的过程中放热，恒温供暖可持续4~6小时。功夫不负有心人，这个实用的婴儿产品在投入印度、尼泊尔等地后，果然广受欢迎，拯救了数百万需要温暖的早产儿。

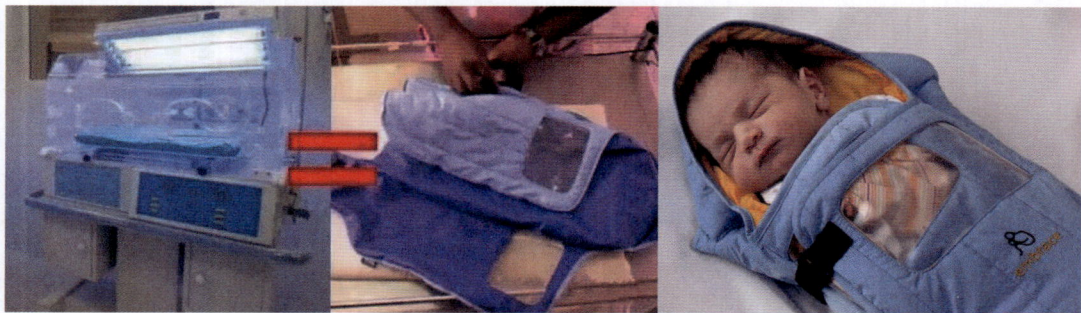

图4-3　Embrace不插电保温袋

3. 生成创意

生成创意是设计思维中最具创造性的一个步骤，该阶段设计师需要发挥自己的想象力，提出各种可能的解决方案，尽可能尝试从不同角度去满足用户需求，如图4-4所示，这是设计师对社区养老产品的创意构思，图中可以看到设计师对一款产品提出的各种设计方案。

项目团队可以通过头脑风暴、小组讨论等方式来激发创意，同时考虑创意的可实现性和可持续性等因素。针对产生的每一种方案，都需要用批判性的眼光去做出相对客观、全面的评价，分析各项利弊、得失和影响，经过多次讨论和筛选，从中选出最具有可行性和创新性的方案。

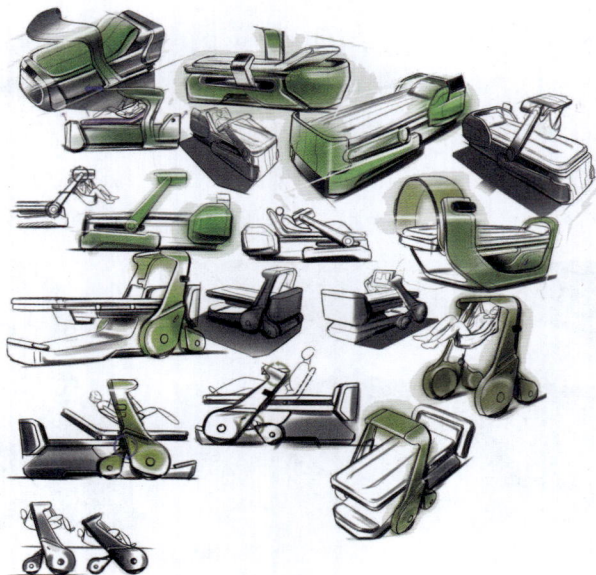

图4-4　社区养老产品创意构思

4. 原型制作

原型制作是设计思维中非常重要的一个步骤，该阶段设计师需要将创意转化为具体的原型，以便进一步测试和改进。原型可以是实物模型(见图4-5)、数字模型、虚实结合模型等，具体取决于创意的性质和实现难度。通过原型制作，设计师可以更好地了解实际操作中的问题和改进方向。

图4-5　贴敷治疗仪原型样机

原型基本上是产品的缩小简易版本，它们并不需要被完善地设计和开发，甚至可以只呈现产品的一部分或局部特征，用于方便快速地参与真实的用户测试。原型制作是发现存在问题缺陷的关键，以便设计师们及时做出调整，不断优化解决方案。

在原型制作方面，原型的具体形式及所选择使用的材料没有太多限制，在一开始可以先选用价格相对低廉的材料来搭建模型，甚至可以采用类似乐高、慧鱼等积木及相关模块来完成产品原型的制作，这样制作产品原型不但可以节省时间成本，还可以反复拆建，方便设计者对发现的设计中存在的问题进行及时调整、改良和验证。

5.测试与反馈

测试与反馈是设计思维中不可或缺的一个步骤，该阶段设计师需要对原型进行测试，收集用户反馈，并根据反馈改进产品。测试可以是用户体验测试、实际使用测试等，如图4-6所示，通过测试可以发现原型中的问题和不足之处。同时，设计师也需要关注用户的反馈，并根据反馈调整和改进设计，在迭代和反馈的过程中不断优化解决方案，以便更好地满足用户需求。测试与反馈不仅可以保证设计方案的可行性和可靠性，也有助于提升用户满意度和使用体验。

图4-6　智能调光眼镜产品原型测试

需要说明的是，设计思维是一个循环、灵活的过程，在整个解决方案的设计和调整中，往往会根据需要在几个步骤中多次重复。比如，在对每种提案测试的过程中，提案可能会被接受，被拒绝，被要求重新改进和设计，新的解决方案也会被提出，这就需要设计师从"测试"回到"定义"或"构思"阶段，再进一步地探索"原型设计"，如此循环。

第二节 | 头脑风暴法

一、关于头脑风暴法

头脑风暴法是由美国创造学家、BBDO广告公司创始人亚历克斯·奥斯本于1938年首次提出，1953年正式发表的一种激发创造性思维的方法。它是一种通过小型会议的组织形式，让所有参加者在自由愉快、畅所欲言的气氛中自由交换想法或点子，并以此激发与会者的创意及灵感，使各种设想在脑海里相互碰撞，激起一场创造性的"风暴"。

头脑风暴法的作用主要在于它可以帮助人们克服群体决策中的"群体思维"。在现实生活中，人们往往存在着"从众"心理，这虽然是一种比较普遍的社会心理和行为现象，但是却对群体的创造性产生较大负面影响，特别是在决策过程中出现"话题权威"和"意见领袖"的情况下，人们更容易屈从于权威或大多数人的意见，这样一来就大大削弱了群体的批判精神和创造力，不利于产生高质量的意见方案。头脑风暴法正是针对这种情况提出了旨在改善群体决策的方法，同时对头脑风暴开展的原则和实施程序也做了严格的规定。

案例 自动破核桃机的发明

德国一家公司要设计一台破核桃机，要求破出的核桃仁是较完整的两半，为此公司召开了头脑风暴会议进行讨论。

主持人：从核桃中取得的核桃仁如何是较完整的两半，要求又多、又快、又好。

甲：平常在家里用牙嗑、用手掰、用门掩、用榔头砸、用钳子夹。

乙：应该把核桃按大小分类，各类桃核分别放到压力机上砸。

丙：可以把核桃蘸上某些物质、粉末，使它们变成同样大小的圆球，这样不用分类就能够放在压力机上砸(发展了一种设想)。

主持人：大家再想一想，用什么样的力才能把核桃砸开，用什么办法才能得到这些力？

甲：需要加一个集中挤压力，用某些东西去冲击核桃，或者用核桃去冲击某些东西，就能产生这种力。

乙：可以用气动机枪射核桃，比如可以用装泡沫塑料弹的儿童气枪射击。

丙：当核桃落地时，可以利用重力。

丁：核桃壳很硬，应该先用溶剂加工，使它们软化、溶解，或者使它们变得较脆，要使核桃变脆，可以冷冻。

戊：可以把核桃放在液体容器里，借助电、水力冲击以破开它们。

主持人：如果我们用逆向思维来解决问题又会怎么样？

甲：要是核桃中有个小东西随着核桃长大，当核桃成熟时把其撑开，则最理想了。

乙：不应该从外面，应该从里面把核桃破开，把核桃钻个小孔，往里面加压打气。

丙：可以把核桃放在空气室里，往空气室里加高压打气，然后使空气室里压力锐减。因为核桃的内部压力不能立即降低，这时内部压力会使核桃破裂，或者使空气室里的压力剧增剧减，交替进行，核桃壳处于变动、负荷状态，使之破裂。

在这次会议中，只用10分钟就得到40多个设想。其中，一个方案(在空气室压力超过大气压并随之降到大气压力以下，核桃壳破裂，核桃仁保持完好)获得了发明专利；另一方案(将核桃用夹子固定，再用空心钻头从顶部钻孔，通入高压空气破开核桃壳，得到较完整的核桃仁)被企业采用并实施，整个工艺过程在传送带上完成，实现了破核桃自动化。

二、头脑风暴法基本原则

1. 自由思考

参加头脑风暴会议的人员，在思考问题和发表意见时不要有任何顾虑，也不要受他人及环境因素的影响，让自己完全处于一种无拘无束的放松状态，自由奔放地去思考，旁若无人地去表达自己的想法。

2. 延迟评判

在头脑风暴会议现场，不允许任何人对他人的想法和意见进行评价，也不允许有皱眉、咳嗽、摇头等可能会对他人情绪和心理产生影响的动作和行为出现。

3. 以量求质

头脑风暴的优势在于在短时间内产生大量设想，这样才能保证会议后从大量设想中遴选出有价值的方案，这就要求每一位与会者都要积极思考，从而产生更多的想法和意见。

4. 综合改善

头脑风暴会议的参与者可以在听取别人想法和意见的基础上进一步提出新的设想，从而产生脑力互相激荡、智力互相启发、想法连绵不断的现象，达到方案层出不穷且不断完善和优化的目的。

三、头脑风暴法实施程序

头脑风暴法的实施过程总体上分为三个阶段，分别为准备阶段、头脑风暴会议阶段和评价选择阶段，每个阶段又包括若干步骤。

(一) 准备阶段

步骤一：确认讨论的主题

头脑风暴法可以应用于创新过程中的任一阶段，既可以针对问题本身(通常在设计调研收集问题阶段)组织一场头脑风暴活动，也可以针对问题的解决方案(概念设计阶段)发起一场头脑风暴会议。无论在哪个阶段，头脑风暴会议的主题都要求指向明确、具体，是一个具有确定性的选题，因为头脑风暴法适合解决单一明确的问题，如果选择的主题过于宽泛甚至是模糊，就很难让与会者围绕问题重点进行思维发散，这样会直接影响头脑风暴的效果。

步骤二：准备会场

头脑风暴活动的场所选择也是一个不可忽视的因素，它会对大家的情绪以及整个会场的气氛产生微妙的影响。一个好的空间环境会让与会者的注意力始终聚焦在头脑风暴的主题上，提高与会者的参与积极性；反之，如果所选择的环境比较嘈杂或视觉上干扰比较多，则会分散与会者的注意力，干扰头脑风暴的正常进行。

步骤三：组织人员

对于组织一场头脑风暴会议而言，哪些人可以参加，哪些人不可以参加并没有明确的标准，但是在选择参加人员时应该考虑以下两个问题：一是参加人员的知识和能力水平应该与所参与讨论的问题相适应；二是考虑参与者与所要讨论问题的相关程度如何，如果参与者对于要讨论的问题一直处于关心状态，甚至是一直在思考寻求一个解决的办法时，往往在头脑风暴会议上会有非常积极的表现，也会带动和感染其他人。

头脑风暴会议的参与人数最好在5~10人，并选定一名主持人和记录员，主持人要求具有良好的语言表达能力，还应善于调动现场气氛，启发大家思考。

(二) 头脑风暴会议阶段

步骤一：会前预热

头脑风暴会议正式开始前，有两项工作是比较重要的，一个是会前热身，一个是宣布会议规则。

会前热身的目的是让与会者能够将身心放松，注意力转移到头脑风暴会议现场中来，进入一种"临战状态"。热身活动可以是一个小游戏，也可以是一个大家共同参与的表演活动。

经过短暂的热身活动后，主持人接下来宣布头脑风暴会议所要遵守的基本原则，以及相关注意事项。

步骤二：宣布主题

主持人向全体与会者宣布本次头脑风暴会议的主题，在宣布主题的同时主持人可以对问题提出的背景和相关情境做简单说明，以便于与会者对主题有全面和充分的了解。

步骤三：会议开始

这是头脑风暴会议的核心步骤，通常持续1小时左右，为了保证整个头脑风暴会议进行的效果，在这一阶段除了坚持头脑风暴过程中自由思考、延迟评判、以量求质和综合改善的原则，还需要重点把握以下几点。

(1) 确保思考的独立性，参会者不要私下进行交谈，以免互相产生干扰。

(2) 在某人发表意见的过程中或结束后，其他人不能有言语、表情、眼神等方面的消极暗示，如叹气、皱眉等。

(3) 主持人要把握会议节奏，并能够时刻调动整个讨论的气氛。如果现场大家发言都不太积极，可以先采取轮流发言的方式，再逐渐过渡到自由发言；如果会议过程中出现沉默和冷场的情况，主持人要通过一定的"话术"来调节现场气氛，引导大家发言；如果头脑风暴会议持续的时间比较长，主持人也可以宣布中场休息一会，然后继续进行头脑风暴会议。

(三) 评价选择阶段

步骤一：整理构思

头脑风暴会议后会产生一定数量的概念和想法，通常在30个以上。接下来，需要对这些概念和想法进行整理，形成一个列表清单，为下一步的评价选择做准备。

步骤二：评价选择

头脑风暴会议中产生的概念和想法大多是在现场很短的时间内形成的，因此有些想法可能还不成熟，它们对问题的解决是否具有价值、有多大价值，还需要我们对其进行评价、选择和分类。评价的标准当然需要结合创新所要达到的任务目标和用户要求来定，在评价的过程中，我们也可以借助各类评价工具完成工作。

四、头脑风暴小组竞赛

如果参加头脑风暴会议的人员较多，可以将其分成几个小组，同时可以组织各小组开展头脑风暴竞赛，即针对同一议题，在单位时间内哪个小组头脑风暴产出数量最多，则宣布哪个小组获胜。这种竞赛形式可以更好地激发参会者的热情，充分调动大家的积极性和创造性。

案例　寻找橱柜易用性问题

在橱柜易用性创新设计项目中，找到目前橱柜在易用性方面存在的问题，是该项目展开研究的前提条件。为了能够全面、系统地找出问题，项目小组采用了头脑风暴小组竞赛的方式来收集问题，如图4-7所示。参加人员包括高校设计专业师生、橱柜企业设计师及目标用户人群代表，总共分成3组，每组6人，经过30分钟共两轮的头脑风暴，共收集239个问题，经会后整理共得到有效问题108个，为项目下一步的研究开展提供了条件。

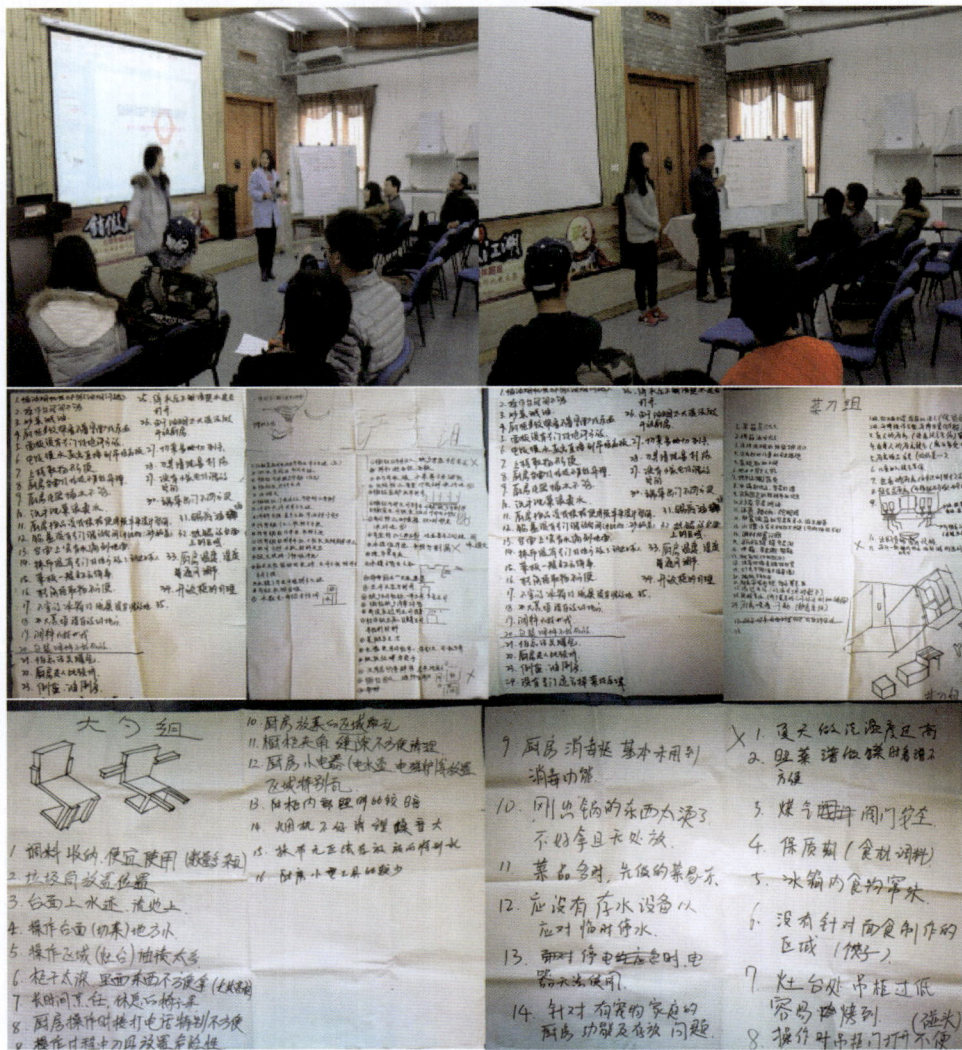

图4-7　寻找橱柜易用性问题头脑风暴会议及成果

第三节 发明问题解决理论

一、TRIZ理论简介

发明问题解决理论(teoriya resheniya izobretatelskikh zadatch，TRIZ)，是由苏联发明家根里奇·阿奇舒勒和其领导的研究人员一起，在对大量专利进行研究的基础上创立的。该理论在指导新产品开发方面，已经形成了一套系统成熟的理论方法体系，得到了众多企业和研发机构的应用和信赖，并为它们带来了重大的经济效益和社会效益。

TRIZ理论除了被广泛用于工程领域帮助解决实际问题，还被应用于教育领域，帮助学校提高学生的发明创新能力。目前在国内的大学中，TRIZ创新方法已经成为创新创业类课程内容的重要组成部分，对学生创造力的培养发挥着重要作用。

二、TRIZ理论核心思想

阿奇舒勒在1979年出版的著作《创造是精密的科学》一书中这样描述："一旦我们对大量的好的专利进行分析，提炼出问题解决的模式，我们就能够学习这些模式，从而创造性地解决问题。"TRIZ理论揭示了发明创造的内在规律和原理，对发明创造中常见的一般性问题进行总结，并针对这些问题给出了解决的标准方法和模式，避免了发明创造过程缺乏目标方向及创造效率低下的问题，使所有人都可以在学习和掌握TRIZ理论方法的基础上开展发明创造活动。

TRIZ理论的核心思想主要体现在如下三个方面。

(1) 无论是一个简单产品还是复杂的技术系统，其核心技术的发展都是遵循客观的规律发展演变的，即具有客观的进化规律和模式。

(2) 在现实中所遇到的问题虽然千差万别，分属于不同的技术领域，但是所包含的矛盾是相同的，因此问题解决的方法具有一定的普遍性和相通性。

(3) 技术矛盾和物理矛盾普遍存在于一个技术系统中，只有消除矛盾，才能解决问题，进而不断推动技术系统的进化和发展。

三、TRIZ理论体系介绍

TRIZ理论从产生至今，历经了半个多世纪的发展，已经形成了一个庞大的知识体系，涵盖了从基本理论、概念，到问题分析工具和求解工具，再到发明问题解决算法在内的全部创新理论和方法知识，对于人们开展发明创造实践活动具有重要的参考意义。

目前，我们看到的庞大TRIZ理论体系并非阿奇舒勒本人所做的系统化和结构化的梳理，大多来自于国内外不同的TRIZ专家学者的整理。TRIZ理论体系构成图，如图4-8所示。

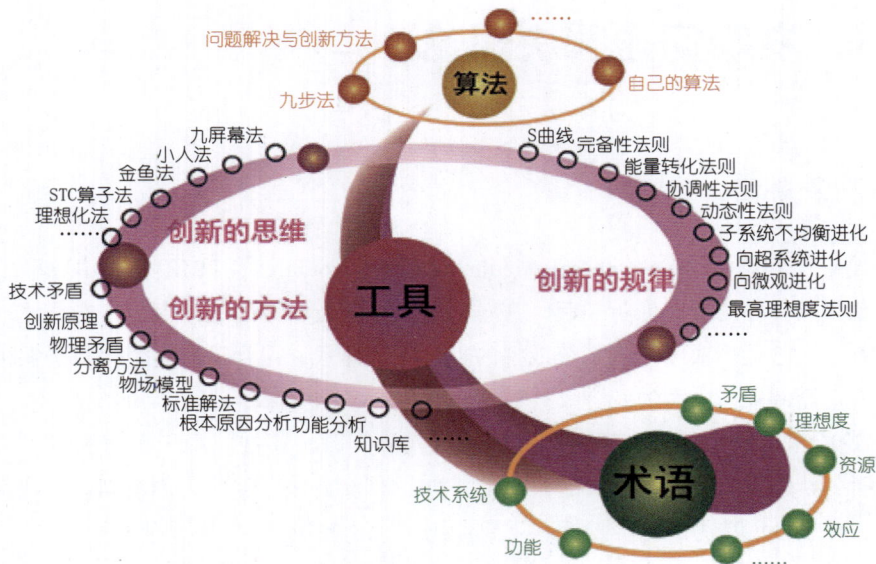

图4-8　TRIZ理论体系构成图

1. 术语

术语是TRIZ理论体系构成的基本元素，是整个TRIZ理论建构的基础。对于初学者而言，正确理解这些术语，是掌握TRIZ核心思想和各种方法工具的关键。

2. 工具

TRIZ工具集包括"创新的规律""创新的思维"和"创新的方法"三部分，可以有效帮助创新者在总体上认识和把握创新规律，在具体的创新过程中打破思维定式，进行创造性思考，运用正确的方法分析问题和解决问题。

3. 算法

算法简而言之就是应用TRIZ理论解决问题的步骤和流程。TRIZ作为一种现代创新学方法，区别于传统方法的地方在于它具有精准性和流程化的特点，即在进行问题解决和发明创新中有着清晰的路径可遵循，而且不同类型的问题有不同的解法和流程与之相对应。

四、TRIZ典型问题及其解法

（一）TRIZ问题求解模型

在TRIZ核心思想指导下，阿奇舒勒对所有工程问题进行分析，归纳总结出了TRIZ问题模型，并分别给出了相对应的求解模型，二者可以合称为"问题求解模型"。

在经典TRIZ理论中，常见的问题求解模型有：物场模型(采用76个标准解决)；物理矛盾模型(采用分离原理解决)；技术矛盾模型(借助40个发明原理解决)。

(二) TRIZ问题求解流程

　　TRIZ解决问题的原理和方法正是基于TRIZ问题求解模型进行的，具体流程如图4-9所示。

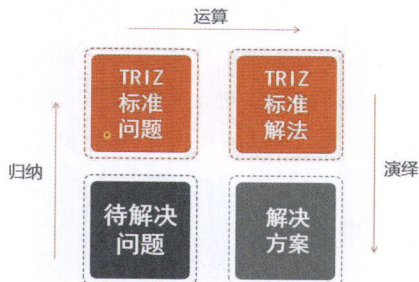

图4-9　TRIZ问题求解流程

　　问题解决的流程总体上可以分为4个步骤：首先是对所要解决的问题进行识别；然后判断该问题属于哪种TRIZ问题类型；接下来按照问题选取相应解法，进行运算求解；最后将问题的解与具体情况结合，得到最终的问题解决方案。

　　根据以上步骤，我们可以清晰地看到TRIZ问题的求解过程。它是一个从特殊到一般，将遇到的具体问题进行概括、抽象和提炼，成为TRIZ标准问题模型中的一种，再从一般到特殊，将根据标准问题得出的标准解结合具体问题进行还原，进一步明确问题的具体约束条件，以及可利用的要素资源，最终求出能够解决具体问题的目标方案。

(三) TRIZ典型问题及其解法

1. 物场模型

　　在TRIZ理论中，物场模型是进行矛盾问题分析的可视化工具，阿奇舒勒认为一个技术系统的组成至少需要具备3个要素，2个"物质"要素，以及使这两个物质之间产生相互作用和影响的"场"要素。两个物质要素分别用S1(需要改变、加工、位移、发现、控制、实现等的作用对象，即作用承受者)和S2(实现必要作用的工具，即作用发出者)表示，场要素用F1(实现两个物质间相互作用、联系和影响的"能量")表示。

　　物场模型的表达一般用由物质要素与场要素连接而成的三角形表示，如图4-10所示。以锤子的工作系统为例，人们用锤子钉钉子，只有钉子(目标物质S1)不行，只有锤子(工具物质S2)也不行，有了钉子和锤子，没有作用力(机械场F)同样不行，只有当三个因素同时具备时才能完成钉钉子的任务。锤子工作系统的物场模型，如图4-11所示。

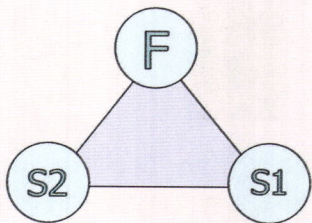

图4-10　物场模型示意图

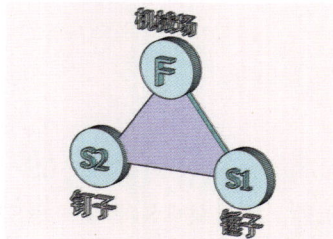

图4-11　锤子工作系统的物场模型

　　物场模型为矛盾问题的分析提供了行之有效的方法，阿奇舒勒还为不同类型的物场模型矛盾问题提供了模式化的解法，即标准解。在TRIZ中一共有5大类，共计76个标准解，为TRIZ矛盾问题的解决提供了有效的路径。常见的物场模型问题类型及标准解法如下。

(1) 不完整模型及对应标准解法。

模型特点：实现功能的3个元素不全，可能缺场，也可能是缺少(工具)物质。

标准解法：对不完整模型，应针对所缺少的元素给予引入物质或引入场，使其形成有效完整的物场模型，从而得以实现功能。

(2) 效应不足的完整模型及对应标准解法。

模型特点：3个元素齐全，但功能未有效实现或实现不足。

标准解法：增加物质S3来强化有用效应。S3可以是现成物质，或是S1、S2的变异，也可以是通过分解环境而获得的物质。

(3) 效应有害的完整模型及对应标准解法。

模型特点：3个元素齐全，但产生了有害的效应，需要消除有害效应。

标准解法：增加另一物质S3来阻止有害效应的产生，增加另一个场F2来平衡产生有害效应的场。

案例 求解钢丸发送机弯管部分磨损问题

步骤一：问题描述

钢丸发送机弯管部分由于受到钢丸的高速冲击导致磨损，在添加保护层后效果也并没有得到明显改善。

步骤二：物场模型分析

在钢丸发送机这个技术系统中，施加影响的钢丸为物质S1，承受影响的钢管为物质S2，使S1对S2施加影响的机械力为场F，如图4-12所示。

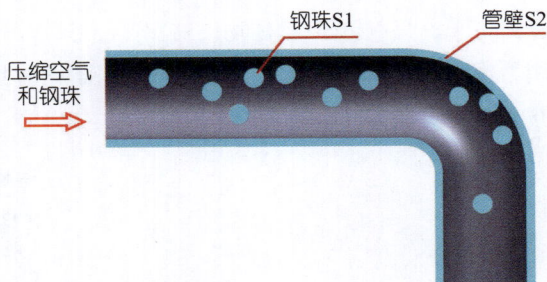

图4-12 钢丸发送机物场模型分析

经过分析，发现钢珠S1对管道壁S2产生冲击，从而产生有害作用，对比物场模型问题类型特点可以确定该物场模型属于效应有害的完整模型。

步骤三：应用标准解来解决问题

针对效应有害的完整模型的标准解法为：增加另一物质S3来阻止有害效应的产生，增加另一个场F2来平衡产生有害效应的场。经分析，可以让S3=S1，即钢丸本身可以做保护层，这样只需要引入另一个场F2即可。在这里我们引入一个磁力作为场F2，这样钢丸就会在磁力的作用下将飞行的钢丸吸附在管壁，从而形成保护层，最终解决方案如图4-13所示。

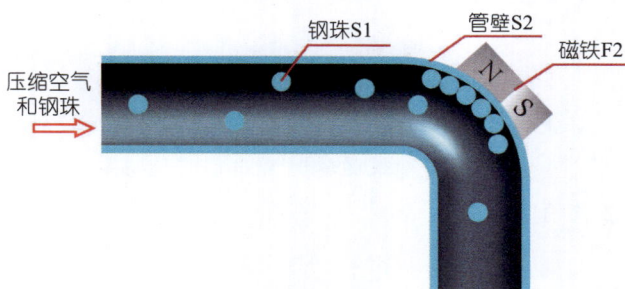

图4-13　冲击磨损问题最终解决方案

2. 物理矛盾

物理矛盾是指对一个技术系统的同一个参数有不同(或相反)的要求，这种要求之间存在着冲突，所以就产生了物理矛盾。比如，对于手机屏幕而言，用户希望它的尺寸尽可能设计得大一些，因为大屏幕在看视频时体验感更好，文字输入也更容易一些，但有时用户又希望屏幕设计得小一些，因为小的屏幕让手机拥有更小的体积，从而更便于携带。那么，对于类似这种物理冲突问题我们该如何解决呢？在下面将介绍关于物理矛盾问题的求解原理。

在TRIZ理论中通常采用分离原理来解决物理矛盾。分离原理包含4种方法，即空间分离、时间分离、条件分离，以及整体与部分分离，下面分别来进行论述。

(1) 空间分离。对同一个参数的不同要求在不同的空间实现，就是进行空间分离。如何实现空间分离？可用分割原理、抽取原理、局部质量原理、嵌套原理、增加不对称性原理、一维变多维原理等。例如，水杯用杯垫隔离(内热、外凉)，声呐探测器置于船后千米之外(相互不干扰)，分体式空调(向外散热)等。

(2) 时间分离。对同一个参数的不同要求在不同的时间段实现，就是进行时间隔离。如何实现时间分离？可用动态特性原理、抛弃或再生原理、预先作用原理、预先反作用原理、预先防范原理等。例如，可折叠式雨伞(用时撑开，不用时缩小)、可折叠式飞机机翼(用时增加升力、不用时减少空间)等。

(3) 条件分离。对同一个参数的不同要求在不同的条件下实现，就是进行条件分离。如何实现条件分离？可用复合材料原理、多孔材料原理、改变颜色原理、局部质量原理、周期性作用原理、空间维数变化原理等。例如，水射流可以是软物质，能用于洗澡时按摩，也可以是硬物质，高压、高速射流作为加工手段和武器使用，这取决于射流的速度条件及射流中有无其他物质。

(4) 整体与部分分离。将对同一个参数的不同要求在不同的系统级别(超系统或子系统)上实现，就是进行层次分离。如何实现层次分离？可用分割原理、组合原理、同质性原理、等势原理等。例如，市场的需求有两种情况：一种是大众化、量大、面广的产品，要求生产线大批量地连续生产以满足市场需求，这是主体；另一种是个性化产品，个性化的消费正逐步成为消费的潮流。采用零库存、准时生产原理的柔性生产线能够同时满足这两种需求。

案例 便携式自动充气坐具设计

步骤一：问题描述

对于一款坐具而言，在使用时人们希望它能够高一些，从而能够适应人的自然坐姿的需要，让使用者感觉更舒适。同时，在外出携带或运输时又希望它能够矮一些，从而避免过多占用空间，导致携带及运输不方便的问题。

步骤二：矛盾分析

在以上问题中，涉及坐具的"高度"这一参数，且对这一参数有着相反的需求，即存在"A"与"非A"的相反需求。问题中存在的矛盾属于物理矛盾，即关于坐具高度的物理矛盾，具体描述如表4-1所示。

表4-1　坐具物理矛盾分析表

矛盾分析	参数	需求描述	参数值
物理矛盾	坐具尺寸高度	使用时舒适，满足不同坐姿需要	增加(尺寸)
		携带或运输时方便，减少空间占用	减少(尺寸)

步骤三：问题求解

关于物理矛盾问题可以使用分离原理来解决，分离原理包括"空间分离""时间分离""条件分离"和"整体与部分分离"四种类型。经过对坐具高度需求这一物理矛盾的分析发现，冲突的双方(要求高度尺寸大—要求高度尺寸小)分别出现在不同的时间段，即使用时和携带或运输时，因此可以使用时间分离原理来解决这对矛盾，从而满足在不同时间段对坐具的不同需求，如图4-14所示。

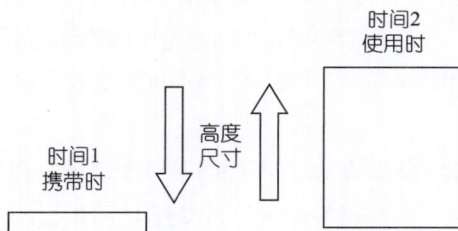

图4-14　坐具物理矛盾解题思路

步骤四：最终解决方案

运用时间分离原理，想办法让坐具尺寸高度在使用时增加，达到要求的高度，满足舒适性要求，在携带和运输时又可以将高度减少，满足便携性要求。基于以上目标要求，对坐具进行了创新：①整体支撑部分采用高度可变化的折叠式结构；②材质采用具有一定强度的韧性材料；③使用空气作为支撑物。

这样就可以利用坐具自身结构的可折叠性和材料韧性，实现坐具在不同时间段内高度尺寸的调节变化，如图4-15所示。坐具平时呈被压缩状态，使用时转动凳盖，使凳盖上的卡槽离开凳座上的卡扣，这时凳身部分会因材料自身的弹性而自动向上弹起，在弹起的过程中，坐凳会将外部空气吸入体内，最后用气塞将气孔堵上即可使用。坐凳的高度可以根据需要，通过调整充入气体的多少来灵活调节。

压缩式自动充气坐凳

图4-15　坐具矛盾解决方案设计图

3. 技术矛盾模型

阿奇舒勒在研究了大量的专利资料的基础上，收集和归纳出39个工程参数(见表4-2)和解决这39种工程参数之间的矛盾形态的创新规律，即40个发明原理(见表4-3)。拟改善的39个参数横向排列成为行，将恶化的39个参数竖向分布成为列，行列交叉形成一个个矩阵单元格，共同构成了矛盾矩阵表格(见表4-4)，在每一个矩阵单元格中列出的是拟用来解决此对技术矛盾的40个发明原理的编号。

表4-2　39个通用工程参数列表

1. 运动物体的重量	14. 强度	27. 可靠性
2. 静止物体的重量	15. 运动物体作用时间	28. 测试精度
3. 运动物体的长度	16. 静止物体作用时间	29. 制造精度
4. 静止物体的长度	17. 温度	30. 物体外部有害因素作用的敏感性
5. 运动物体的面积	18. 光照度	31. 物体产生的有害因素
6. 静止物体的面积	19. 运动物体的能量	32. 可制造性
7. 运动物体的体积	20. 静止物体的能量	33. 可操作性
8. 静止物体的体积	21. 功率	34. 可维修性
9. 速度	22. 能量损失	35. 适应性及多用性
10. 力	23. 物质损失	36. 装置的复杂性
11. 应力或压力	24. 信息损失	37. 监控与测试的困难程度
12. 形状	25. 时间损失	38. 自动化程度
13. 结构的稳定性	26. 物质或事物的数量	39. 生产率

表4-3　40个发明原理列表

1. 分割	11. 预补偿	21. 紧急行动	31. 多孔材料
2. 分离	12. 等势性	22. 变有害为有益	32. 改变颜色
3. 局部质量	13. 反向	23. 反馈	33. 同质性
4. 不对称	14. 曲面化	24. 中介物	34. 抛弃与修复
5. 合并	15. 动态化	25. 自服务	35. 参数变化
6. 多样性	16. 未达到或超过的作用	26. 复制	36. 状态改变
7. 套装	17. 维数改变	27. 廉价品替代	37. 热膨胀
8. 质量补偿	18. 振动	28. 机械系统替代	38. 加速强氧化
9. 预加反作用	19. 周期性作用	29. 气压与液压结构	39. 惰性环境
10. 预操作	20. 有效作用的连续性	30. 柔性壳体或薄膜	40. 复合材料

表4-4　矛盾矩阵表

改进参数	退化参数		
	NO.1	……	NO.39
NO.1			
……		40个发明原理	
NO.39			

　　矛盾矩阵是用来解决TRIZ技术矛盾的主要工具，按照技术矛盾解决过程图(见图4-16)，可以将应用矛盾矩阵解题的过程归纳为如下五个步骤。

　　步骤一：对技术系统存在的问题进行准确描述。

　　步骤二：结合TRIZ的39个工程参数，确定与所描述问题相关的工程参数。

　　步骤三：通过查找TRIZ矛盾矩阵表，找到相关的发明原理。

　　步骤四：在40个发明原理中，找到解决矛盾冲突的相关原理。

　　步骤五：对多个解决方案进行评估，并确定最终方案。

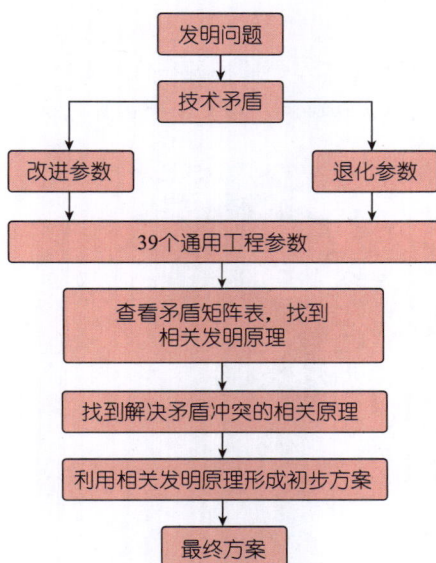

图4-16　技术矛盾解决过程图

案例　传统扳手改良设计

步骤一：描述传统扳手存在的问题

在日常生活中，我们可能都有过用扳手拧螺母的经历，并且大家也能注意到，当我们使用一只传统的扳手拧紧或松开螺母时，载荷主要集中在螺母的边角上，当拧动螺母的力量比较大时就会导致其损坏，从而影响后续的使用，如图4-17所示。因此，针对当前扳手在大力拧动时螺母易损坏的问题，需要提出一种改进方案，以增加螺母的耐用性。

图4-17　扳手存在问题示意图

步骤二：确定矛盾冲突

经过分析可以得出问题解决的基本思路，如果将扳手的内侧面和螺母的侧面更好地吻合，将大大降低对螺母边角部分的损坏，如图4-18所示，但是这需要提高扳手加工时的精度。

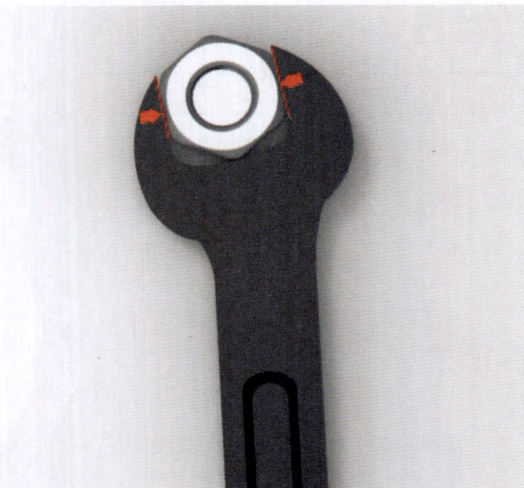

图4-18　扳手技术矛盾分析图

通过与矛盾矩阵表中的39个工程参数进行比对，可以分别将扳手对螺母边角的损坏和提高扳手加工时的精度两个事项，对应为39个工程参数中的"No.31物体产生的有害因素"和"No.29制造精度"，且二者之间存在冲突，构成一对技术矛盾：如果参数No.31改进，那么参数No.29就会恶化。为了使这对技术矛盾得到解决，接下来我们将进入下一个步骤，即借助TRIZ矛盾矩阵表来解决问题。

步骤三：找到解决技术矛盾的发明原理

在TRIZ矛盾矩阵表(表4-4)中，我们沿着纵坐标找到No.31物体产生的有害因素，沿着横坐标找到No.29制造精度，将两个坐标相交即可得到4组数据，再根据这四组数据到40条发明原理表(表4-3)中找到该4组数据具体表达的4个发明原理。

4#：不对称

17#：维数改变

34#：抛弃与修复

26#：复制

步骤四：得到改进后的扳手设计方案

我们通过对上一步中找到的4个发明原理进行比对分析后发现，"4#：不对称"和"17#：维数改变"对解决传统扳手损坏螺母边角问题最具应用价值。不对称原理可以启发我们改变扳手开口部分的形状，并增加其不对称性；维数变化原理启发我们将传统扳手上、下钳夹的两个平行平面变成曲面。这样就能够让扳手的工作面与螺母的侧面进行多点接触，而不只是与边角部分单点接触，从而改善了扳手这一技术系统，形成新的扳手设计方案，如图4-19所示。

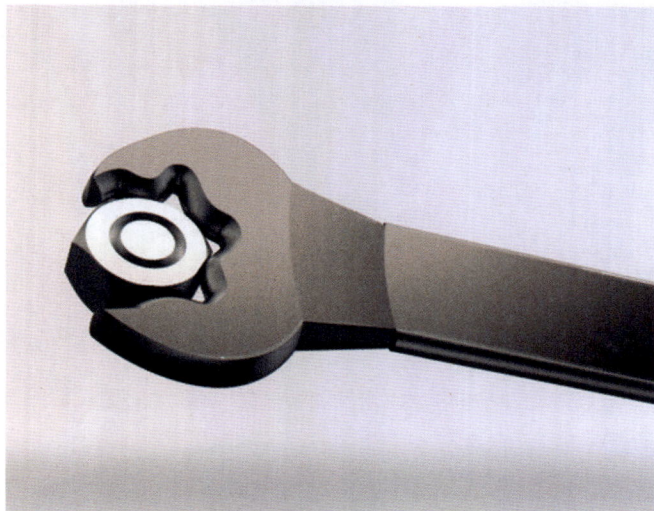

图4-19　新扳手设计方案

思考练习题

1. 请针对某一问题组织一场头脑风暴活动，并最终遴选出10个问题解决方案。

2. 请阐述TRIZ发明问题理论中物理矛盾与技术矛盾的区别，以及所采用的解决问题的方法和步骤。

第五章
产品创新设计

内容概述

本章讲解的内容包括以下3个方面:

(1)介绍产品创新设计类型、原则、方法和理念等产品创新设计基本理论;

(2)介绍产品创新设计流程及每一流程阶段的具体设计内容;

(3)介绍产品原型制作中的3D打印技术和电子原型技术。

目标与任务

系统学习产品创新设计基本理论;握3D打印、电子技术原型设计等产品创设计中常用的通用知识和技能;培养产思维和整合思维能力,按照产品创新设流程和方法开展产品创新设计实践。

第一节 关于产品创新

一、从技术思维到产品思维

对于创新创业来讲，大家应该认识到这样一个事实：技术往往只是构成产品的基础，但技术本身并不等同于产品，一项技术若想为市场所接受，产生商业价值，还需要将技术进一步产品化，这就需要创新创业者转变思维，实现从技术思维到产品思维的跃升。

1. 场景定义设计

任何一项技术存在的价值，都是以能够满足特定人群在特定时间和空间下的特定需求为基础的，这个特定人群+特定时间+特定空间就是创新设计的"场景"。场景不同，对技术的应用需求和目标也自然不同，只有结合具体应用场景对技术进行开发利用，由技术思维上升至产品思维，才能真正实现技术的价值，让技术最终服务于人的特定需求。

有些同学在推行一个项目时，只想着如何将其技术实现出来，却往往对项目背后的具体场景和真实需求缺乏深入的了解，更有甚者根本就不知道开展这个项目的意义和目的所在。例如，一位同学利用智能硬件设计制作了一辆智能遥控小车，可以让小车以不同的姿态向前快速移动，比如翻滚、跳跃等。那么，这个小车项目该如何评估呢？它的商业价值如何？其实，就单纯一辆智能小车而言尚没有任何商业价值，只有将其放入具体场景中，结合它的具体用途以及可实现的功能才能做出判断，如这个小车是否可以在灾害救援中使用？经评估，小车无法应对复杂路况，负载能力也有限，不适合用于灾害救援场景；那可不可以供儿童娱乐学习使用？目前来看，小车在外观、趣味性及交互操作方面还不能满足要求，但是可以根据场景需求改进和优化，让其变得成熟和完善。

这个例子再次说明了"场景"对于一项产品创新的价值与意义。大家要应用产品思维，根据应用场景全面、深刻地洞察用户对产品的需求，准确定义问题，使创新过程始终做到目标明确，有的放矢。

2. 关注"人"与"物"的关系

技术思维更多时候关注解决物与物之间的关系，关注产品的物质属性和功能。而产品思维除关注物之外，还要关注物与人之间关系的研究和解决，关照人对物的情感、态度、生理和心理适应性等方面的问题，通过良好的外观、美好的精神隐喻、友好的交互操作带给用户良好的使用体验，以此来增加产品的附加价值，确保在激烈的市场竞争中获胜。

百年汽车发展史上著名的通用与福特市场争夺战即是一个典型的例子：20世纪初的福特汽车公司不断通过技术革新降低汽车制造成本，以此生产出"人人都能买得起"的汽车，连续十年占据美国汽车市场40%多的份额，仅一款福特T型汽车就生产销售了1500万辆。为了应对来自福特的竞争压力，通用汽车公司采取了不同于福特汽车公司的差异化路线，采取基于消费需求端的产品开发生产模式，对市场进行细分，研究不同消费人群的需求，同时将舒适性、美观性及流行时尚文化融入汽车设计中，推出不同款式的汽车以形成系列车型，从而满足不同消费人群的多元化与个性化需求。正是凭借着这种以消费者需求满足为核心目标的发展策略，通用汽车在20世纪30年代之后逐渐取代福特汽车成为美国汽车行业的龙头，市场份额一度接近60%，且这种优势一直持续到20世纪末。

今天，在技术竞争日趋激烈的同时，市场需求也更加趋向于多元化与个性化，用户逐渐成为市场的主宰力量，直接影响着企业产品创新的成败。为了凸显人在产品创新设计中的核心价值与地位，设计界提出了"以用户为中心"的设计原则和理念，进而取代以往技术思维见物不见人的做法。

二、产品创新的类型

1. 功能创新

功能创新是提升甚至是改变产品价值的最有效方式。由于产品功能往往与用户需求紧密相关，是驱动用户购买产品的最主要因素，因此产品功能创新要建立在用户需求的基础上，通过创新设计帮助用户更好地解决问题。

案例 **多用途洗衣机**

20世纪90年代，某家电企业售后人员发现，很多用户投诉洗衣机质量不好，排水管总是堵塞。经维修人员上门检修后发现，洗衣机排水管堵塞是由于用户使用洗衣机清洗土豆导致的，维修人员将情况报告给企业相关负责人员。根据用户的需求，第二年该企业推出了电机功率大、排水管口径粗，除了洗衣服还可以用来洗菜、洗土豆的洗衣机，后来甚至开发出了可以清洗小龙虾的洗衣机。

该企业对于产品的创新，不仅帮助用户解决问题，满足了用户的需求，还提升和完善了产品功能，丰富了自己的产品线布局，增加了企业产品的竞争力。

2. 原理创新

产品同样的功能可以通过不同的原理来实现，在进行产品设计时采用不同的原理又会导致产品在性能和特色方面的差异。因此，原理创新可以成为企业打造差异化产品、形成差异化竞争力的有效手段。

案例 **没有扇叶的风扇**

无叶风扇是由英国工业设计师詹姆斯·戴森于2007年发明的，如图5-1所示。这种风扇的设计灵感来源于空气叶片干手器，无叶风扇的工作原理并非是通过扇叶旋转产生气流，而是利用空气动力学原理，通过一个内部的电机将空气吸入风扇内部，然后通过一个特殊的圆形环形导流器，将空气加速并释放出来。由于无叶风扇内部没有扇叶摩擦产生的阻力，因此它的噪音相对较小，并且消耗的能量也相对较少，比传统风扇更节能。

除此之外，无叶风扇具有美观的外形，整体设计非常简洁、呈流线型，适合现代家居的装饰风格。无叶风扇还有高效、节能、易于清洁等多方面的优点。

图5-1　戴森无叶风扇

3. 使用方式创新

使用方式创新是指通过对产品内部结构和操作方式的创新设计，改变用户对原有产品的使用习惯，并获得新的使用体验。手机由最开始的按键式操作改为触屏操作，就是一个产品使用方式创新的典型例子。

案例　脚踏式电脑鼠标设计

Foot Mouse是一款专为因残疾或神经系统疾病而无法使用双手的人精心打造的脚踏式电脑鼠标，如图5-2所示。它将传统的鼠标操作转化为脚踏方式，将控制权转移到脚上。

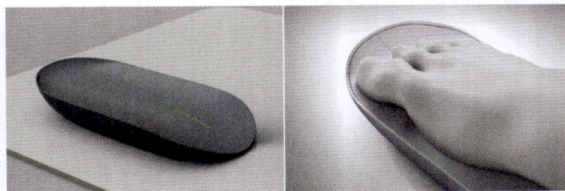

图5-2　脚踏式电脑鼠标

这款鼠标凭借其符合人体工程学设计的特性，让无法使用双手的人们只需将脚轻轻放置在设备上，便能轻松导航和点击，自如地控制电脑。该鼠标囊括了标准鼠标的所有功能，包括左右键以及鼠标滚动功能。左右键的操作完全可以通过脚趾完成；当同时按下左键和右键时，滚动功能便会启动，而当左键或右键任一被释放时，滚动功能则会自动关闭。

值得一提的是，这款鼠标的顶面设计成凹形，巧妙地结合了人机工程学原理，能够完美地贴合脚下的复杂曲率，确保用户在使用过程中获得稳定且舒适的感受。

4. 结构创新

结构是构成产品的基础要素，结构创新可以优化产品的功能，改善产品的制造工艺，影响并制约产品的形态设计。在绿色低碳背景下，结构创新还是实现产品轻量化设计的重要手段，比如基于衍生式设计和增材制造现代数字化制造技术对产品结构进行优化，不但可以增加产品的美观性，提高产品整体性能，还可以帮助企业实现产品轻量化目标，满足产品生产制造和使用过程中的低碳化要求。

案例 无链条自行车

丹麦自行车公司CeramicSpeed研发并推出了一款无链条自行车，其创新之处在于采用了小齿轮式轴驱动系统，如图5-3所示。这一设计摒弃了传统自行车上常见的链条、变速器和滑轮，减少了驱动系统中的摩擦点数量，同时以大齿盘替代了传统的链条驱动方式。

图5-3　无链条自行车

无链条自行车的飞轮设计独特，通过不同齿数的齿圈相互嵌套，驱动后端的小齿轮转动。这一设计不仅实现了齿轮比的调整，使自行车能够灵活应对不同的骑行需求，而且推动了自行车的平稳前进。简而言之，无链条自行车巧妙地利用各种齿轮组合来替代传统链条的功能，为骑行者带来更为流畅和稳定的骑行体验。

在无链条自行车的关键部件中，一根碳纤维传动轴和分布在轴两边的21个陶瓷轴承发挥着至关重要的作用。这些陶瓷轴承具有极低的摩擦系数，能够将骑行者输出的动力高效地传递至后轮。每个陶瓷轴承均采用低摩擦的陶瓷材料制成，确保了传动的顺畅和稳定。

无链条自行车最大的优势在于其高效的传递效率。据该公司称，当骑手输出380瓦的功率时，传递效率高达99%。这意味着骑手的全部力量几乎都能转化为驱动力，从而为骑行者带来更为出色的性能表现。这一高效的传递系统不仅提升了骑行的体验，也为环保出行提供了更多可能性。

5. 材料创新

材料创新往往是结构创新的基础，不同材料具有不同的特性，比如有的材料密度大一些，有的材料密度小一些，有的材料弹性大一些，有的材料弹性小一些，有的材料容易被氧化，有的材料不容易被氧化等。在进行产品创新设计时，要根据产品目标功能，考虑使用环境及成本因素，合理选择适用的材料，同时也要不断创新，大胆尝试各种新材料的研发和应用。

案例 菌丝体灯罩

在荷兰设计周上，一款名为B-Wise的灯罩闪亮登场，如图5-4所示。这款吊灯打破常规，采用独特的菌丝体制成，菌丝体是蘑菇或真菌的营养部分，常在地下生长。这款吊灯宽60厘米，每盏灯都具有独特的外观，令人难以忘怀。为了制作这款吊灯，设计师们运用了空模具，巧妙地将菌丝体和废弃的有机材料如木屑、稻草等填充其中，作为菌丝体的食物。令人惊叹的是，菌丝体在短短5周内就在模具中长成了预设的形状。随后设计师对其进行脱模和脱水处理，以防菌丝体继续生长。

菌丝体的独特之处在于其自然生长的形状和坚固的特性。它们相互缠绕的纤维使其既坚固耐用，又具有橡胶般的质地，展现出作为优秀植物性皮革替代品的潜力。

这款B-Wise灯罩不仅是美观的艺术品，更重要的是，菌丝体材料无排放、可堆肥且可生物降解，是对环境友好型设计的有力诠释。它的出现，无疑为可持续设计领域带来了新的启示和可能。

图5-4 菌丝体灯罩外观效果

6. 形态创新

形态是产品在空间中所呈现出来的外在形式，不仅对产品功能起到物质承载的作用，而且是用户认识和了解产品的信息界面、是对产品建立第一印象的重要凭据，好的形态会让产品魅力大增，提升产品的附加价值。产品形态创新一方面要满足产品功能、结构、材料和工艺等方面的内在要求，还要考虑美学、文化与时尚等社会学因素的影响，因此形态创新包括对产品形状、色彩和表面装饰等方面进行创新。

案例 乔布斯与iMac苹果电脑

1998年，iMac作为一款全新的产品诞生，它代表着未来的理念，如图5-5所示。这款电脑承载着苹果公司的期望，凝聚了员工的辛勤付出，也寄托着史蒂夫·乔布斯的梦想——振兴苹果。

图5-5 彩色透明风格的iMac苹果电脑

iMac半透明的外观设计打破了电脑一贯使用的单调的灰褐色，再加上发光的鼠标，以及1299美元的价格标签，让人眼前一亮。为了宣传，乔布斯巧妙地将笛卡尔的名言"我思故我在"转化为iMac的广告词Think There For iMac，这也成为广告业中的经典案例。在1998年12月，iMac荣获《时代》杂志"1998最佳电脑"的称号，并名列"1998年度全球十大工业设计"第三名。

1999年，乔布斯又推出了第二代iMac，这款电脑拥有红、黄、蓝、绿、紫五种水果颜色的款式供用户选择，一经推出就获得了用户的热烈欢迎。

1999年7月，一款外形蓝黄相间、外观酷似漂亮玩具的笔记本电脑iBook上市，迅速获得了用户的追捧。iBook融合了iMac独特的时尚风格、最新无线网络功能，以及苹果电脑在便携电脑领域的全部优势，是专为家庭和学校用户设计的"可移动iMac"。在1999年10月，iBook荣获"美国消费类便携电脑"市场第一名，并在《时代》杂志举办的"1999年度世界之最"评选中获得"年度最佳设计奖"。

iMac苹果电脑的推出对于当时的苹果公司来说无疑是一剂强心针。在推出之前，苹果公司的亏损高达10亿美元，然而iMac的成功推出使其实现了扭亏为盈。仅仅在一年时间内，苹果公司的盈利奇迹般地达到了3.09亿美元。此外，苹果电脑在PC市场的占有率也得到了显著提升，由原先的5%增长到10%。这一系列的成就标志着苹果公司在计算机行业的地位得到了进一步提升，并且为其未来的发展奠定了坚实的基础。

7. 体验与服务创新

当前，产品市场竞争激烈，但供需之间的矛盾往往并非是数量上的矛盾，而是"用户消费需求多元化、差异化与企业产品研发单一化、同质化之间的矛盾"。因此，在产品现有功能的基础上，洞察用户需求，根据用户使用场景和习惯进行服务创新，为用户创造更好的体验，这样无疑会形成产品新的价值增长点，帮助企业在激烈的市场竞争中胜出。

案例 **有水果香味的容器**

Right Cup是一款颇具创意的容器，独特的水果香味让使用它的人有一种别致的饮水体验，如图5-6所示。通过巧妙地运用嗅觉元素，这款杯子能让饮用者觉得普通的白开水都变得有滋有味。对于那些习惯于甜味和果味饮料的人来说，卫生机构建议的每日两升水的摄入量可能是一项不小的挑战。而Right Cup凭借其独特的封装香气释放技术，轻松解决了这一问题。当杯子盛满清水并靠近唇边时，它就会释放出诱人的水果香气，让人误以为正在品尝的是添加了香味的饮用水。这不仅丰富了饮水的口感，

图5-6 有水果香味的Right Cup

而且无须加入糖分或防腐剂，满足了健康需求。Right Cups初始推出的口味包括柠檬、酸橙、橙子、混合浆果和苹果，而更多美味选择也将在后续推出。这款产品不仅令人耳目一新，也让人重新认识饮水的乐趣与可能。

8. 整合创新

在物联网和智能制造技术的驱动下，整个产业的生态环境与运行条件正在经历深刻的变革。那些曾经坚不可摧的产业边界正在悄然消融，而在边界打破之后，更广泛的产业融合成为可能。传统产品定义逐渐被一个全新的系统所替代，传统产品甚至整个产业都融入这个新系统中，成为其不可或缺的一部分。展望未来，众多行业将逐渐步入一个深度整合的时代。由于单一产品制造商在与多产品公司的竞争中往往处于劣势，因此通过整合各种新系统来提升产品性能、实现价值

增长变得至关重要。在这样的时代背景下，整合创新已经逐渐成为推动产业发展的核心力量。

整合创新的本质是实现产品价值的持续增值，它巧妙地融合了不同领域的技术、资源和人才，催生出具备高度创新性的产品与服务，并构建出一体化的解决方案。这一过程往往需要跨越学科与领域的界限，进行深度合作与协调，以实现整体性能的优化和技术的高度融合，最终这种整合创新有助于显著提升产品的整体价值。而在整个过程中，企业间的紧密合作显得尤为关键。

案例 **约翰迪尔与爱科公司的合作**

约翰迪尔(John Deere)与爱科公司(AGCO)均在农业机械领域展现了非凡的技术实力和深远的市场影响力。为了持续提升行业竞争力，这两家公司选择走整合创新之路，强强联手，将各自的技术优势深度融合，旨在为全球农民提供更为高效、智能的农业机械。通过整合创新，约翰迪尔和爱科公司不仅实现了技术共享和资源互补，更进一步拓宽了彼此的市场份额。具体来说，约翰迪尔在农业机械制造方面积累了丰富的经验和技术，而爱科公司在智能控制、导航定位等领域具备领先的技术优势。通过合作，双方成功将智能控制技术应用于约翰迪尔的农业机械产品中，显著提升了产品的自动化和智能化水平，从而更好地满足现代农业的需求。

此外，经过共同研发，约翰迪尔和爱科公司还成功推出了一系列先进的农机解决方案。这一系列方案将农机与智能技术、物联网等相结合，全面提升了农机的智能化和自动化水平。它不仅实现了农机设备的互联互通，还进一步将灌溉、土壤和施肥系统紧密连接在一起。通过这些整合，公司可以实时获取关于气候、作物价格和期货价格的相关信息。

这些方案独具匠心地整合了农机与智能技术、物联网等领域，显著提升了农机的智能化和自动化水平，不仅实现了农机设备之间的互联互通，还进一步将灌溉、土壤和施肥系统紧密地结合在一起。通过这种整合，公司能够实时获取关于气候、作物价格和期货价格等相关信息，为农业生产提供了有力支持。

目前，约翰迪尔的农机已经凭借无线互联、云计算和大数据等先进技术的支持，涵盖了天气情报系统、农作物种子系统、灌溉数据系统、农产设备管理系统等多个领域，如图5-7所示。这种整合不仅加强了与农业合作伙伴之间的价值链衔接，更为优化农业生产整体效益提供了坚实的支撑。通过深度合作和整合创新，约翰迪尔和爱科公司将继续

图5-7 约翰迪尔农业数字化管理平台系统

引领农业机械的发展潮流，为全球农业现代化做出积极贡献。

整合创新不仅是技术产品和融合的简单结合，它还深入到市场渠道、品牌形象和人才培

养等各个层面。约翰迪尔与爱科公司联手，共享各自的渠道资源，共同开拓全球市场，并携手提升品牌影响力。此外，两家公司也在人才培养上紧密合作，努力培养具备跨领域知识和技能的复合型人才，以确保未来农业机械领域有坚实的人才基础。

综上所述，约翰迪尔与爱科公司的整合创新是一种卓越的合作模式，其目的在于提升农业机械的技术水平，扩大市场份额，并推动全球农业现代化进程。通过深入合作，双方充分发挥各自的优势，共同创造出更出色的产品和服务，实现了整体性能的优化和价值的提升。

第二节　好产品的标准与产品创新机会识别

一、好产品的标准

什么样的产品才能称得上是一件好产品？关于这个问题可能不同的人会给出不同的答案。从产品迭代进化的角度来讲，一件好的产品大致会经历以下几个阶段，并且在不同的阶段人们对产品的评价和期望的侧重点也有所不同。

1. 诞生阶段

一件新产品的问世会填补市场空白，满足人们在某一方面的需求。作为一个新生事物，它可能存在一些不成熟和不完善的地方，比如使用起来不够方便、造型不够漂亮、款式不够新颖等，但是由于该新产品满足了用户的主要需求，再加之市场供给的原因，用户对产品存在的以上问题可能会报以宽容的态度。在此阶段，用户重点关注的是产品在功能上的"可靠性"和使用中的"安全性"，那么"可靠性"和"安全性"就成为好产品的标准。

2. 成长阶段

当产品在功能可靠性和使用安全性方面得到充分保障之后，用户对产品价值的关注点和诉求点开始转向"易用性"方面，会对产品在携带、收纳、使用和维护保养等方面提出更高要求。

3. 成熟阶段

当产品技术发展到成熟阶段，人们会更加注重产品的造型设计和体验设计。此时，或是漂亮，或是充满趣味性的外观设计，以及使用过程中带给用户的美妙、难忘的体验，最终形成了产品的差异化特征，成为人们衡量和评价好产品的标准。

需要特别指出的是，以上3个要素并非是衡量评价一件产品是否为"好产品"的固定不变的标准，只是结合产品开发进化过程发展方向做出的一般性总结。除此之外，针对不同类型和用途的产品还会有其他标准和要求，比如产品的环保性、生态可持续性等。

二、产品创新机会识别

一件好产品的基本构成要素，包含可靠性、安全性、易用性、美观性和体验性等。虽然对于一件产品而言，这些要素并非一开始就同时具备，而是在不断迭代和进化的过程中逐步获得的，但作为一名设计师在进行产品开发时，要善于分析和把握该类产品所处的进化阶段，了解其尚存在的不足和缺点，成功识别产品开发过程中的创新机会，开发出符合好产品标准的新产品。

第三节　产品创新方法、原则与理念

一、产品创新方法

在产品设计师进行产品创新时，除了可以运用前面介绍的通用创新思维和方法，还有以下一些常见的产品创新方法可以借鉴参考。

(一) 仿生法

在自然界中，一些生物存在和进化的历史远远超过人类；为了适应生存环境的需要，它们经过漫长的进化过程形成了独特的生物特性，在某一方面具有独特的生存和发展优势。作为产品设计师，要学会师法自然，在产品开发过程中借鉴生物的某些特性帮助我们解决问题。在产品开发中，常见的仿生类型有原理仿生、结构仿生、材料仿生、形态仿生等。

案例　奔驰仿生概念车

在2005年，奔驰推出了一款完美融合了仿生学原理的革新性概念车，如图5-8所示。这款概念车的设计灵感源于自然界中的盒子鱼，其设计精髓在于对盒子鱼独特生物特性的借鉴与再创造。盒子鱼是一种热带鱼，生活在热带海洋的珊瑚礁和海藻群环境中，盒子鱼的最大特点是其坚固的箱状保护壳，几乎覆盖了整个身体。在漫长的进化历程中，盒子鱼的身体表面变得十分坚韧，能够抵抗很高的压力，其皮肤由独特的六角形骨质鳞片结构构成，不仅增强了身体的强韧度，还显著减轻了重量，并可以有效防御外部冲击。值得一提的是，盒子鱼的身体虽然呈立方体状，却同样具有非常出色的流线特征，符合空气

图5-8　奔驰盒子鱼概念车设计

动力学的原理。

盒子鱼以其独特的立方体外观和出色的流线型体态，吸引了奔驰设计师团队的注意。奔驰设计师们将生物学原理和工程技术结合，将盒子鱼的生物特性巧妙地转化为工程设计语言，通过仿生学的应用赋予这款概念汽车卓越的性能，使得这款车与盒子鱼一样，虽然看起来像一个方方正正的大箱子(长4.24米，宽1.82米，高1.59米)，但实际上却拥有极低的风阻系数。同时，车身框架采用了类似盒子鱼骨架的结构，这不仅使全车的整备质量大幅降低，还使车身的刚性提升了40%。这些设计使该车在空气动力性方面的表现非常优异，具有高效燃油经济性和低排放的特点。

除此之外，在汽车外观形态设计方面，这款仿生车还提取了盒子鱼的色彩特征，选取了盒子鱼身上的黄绿色和黑色两种颜色作为汽车外形的主要颜色，这也为这款车带来了更多的创新和视觉美学效果。

(二) 组合创新法

组合创新法是将两种以上具有不同功能特性的事物组合到一块，进而形成新的产品。组合创新法可以帮助我们扩大创新思维，拓宽创新视野，提高创新能力。企业借助于这种创新方式可以提高产品的附加值和市场竞争力，同时降低生产和销售成本。例如，智能手环集成了计步、心率监测、睡眠监测、短信提醒等多种功能于一体，为用户提供了一站式的健康管理解决方案。

案例　带拖把的吸尘器

随着科技的飞速发展和生活品质的不断提升，吸尘器和扫地机器人已逐渐在千家万户中占据了重要地位。在处理各类固体垃圾时，它们表现得高效和得心应手。然而，当遇到那些顽固如鞋印等难以去除的污渍时，它们的威力似乎就稍显不足了。为了追求更为完美的清洁效果，我们往往需要配合吸尘器来拖地，尽管这种方式相较于传统的人工清扫已经轻松许多，但整个过程依然需要花费相当的力气。

为了改变这一状况，ROIDMI NEX Storm以惊喜的创新设计，制作了一款新的带拖把的吸尘器，如图5-9所示。这款产品巧妙地结合了防水滚刷与磁性拖把，打破常规，实现了一机双功能的吸拖一体设计，仅需一次操作便可有效解决地板上的污渍和污垢问题。那么，如何将这两部分合二为一呢？秘密在于其采用了模块化设计。在未使用状态下，滚刷与拖把各自独立。但当使用者希望同时进行吸尘和拖地操作时，只需简单地组合两者。这个巧妙的结合得益于磁吸技术的运用，只需将磁性拖把放置在防水滚刷的后方特定位置，两者便会通过磁力紧密结合，宛如变魔术般地形成一个既能吸尘又能拖地的"神奇刷头"。

图5-9　带拖把的吸尘器

(三) 移植法

移植法是将其他领域的知识、技术、资源等移植到本领域中来，以产生新的创意。这种组合可以涉及不同的领域，也可以是同一领域内的移植。例如，激光切割技术在工业、医疗等领域早已经有成熟的应用，将激光切割技术进行移植应用到男士日常剃须方面，就创造出全新的激光剃须刀产品。

案例　仿生运动机器人的3D织物结构

办公椅、防护手套、绷带和运动鞋，这些物品有一个共同的特点，那就是它们都采用了创新的3D织物技术。这种技术使用的纱线可以根据应用领域的不同而变化，无论是金属线、玻璃纤维还是纺织纤维，都可以进行编织。这种生产技术的主要优点在于：它能够在同一部件中结合刚性和挠性，例如，与传统鞋类相比，编织鞋能够更好地适应脚部运动；编织结构中的固定区域可以为需要支撑的部位提供稳定的支撑；使用轻量混合纱线编织的产品还具有轻盈的优点。这种技术的广泛应用将为我们的生活和工作带来更多的便利和舒适。

德国费斯托公司研发的仿生运动机器人BionicMotionRobot，就利用3D织物技术制作了手臂内的结构，如图5-10所示。

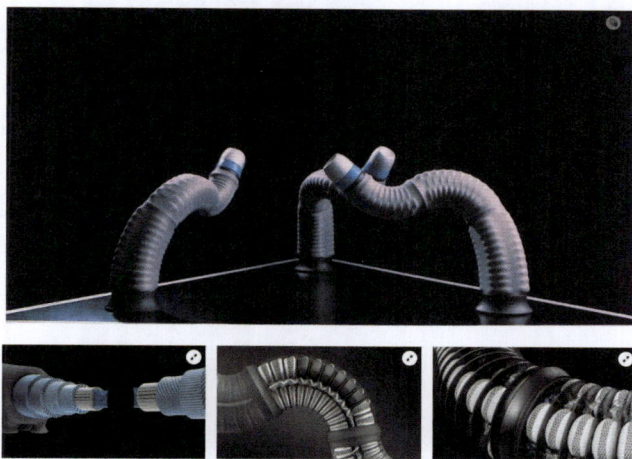

图5-10　仿生运动机器人

在开发仿生机器人手臂的过程中，工程师们仔细观察了章鱼触手上的肌肉纤维。章鱼的触手肌肉分多层向不同方向延伸，通过放射状、对角，以及纵向纤维的相互作用，章鱼能够有针对性地控制触角。这款气动机器人手臂内部应用的便是基于这种自然生物模型的3D织物，织物沿着机器人手臂围绕小型弹性气室展开，压缩空气驱动这些气室像手风琴一样收紧或张开，进而驱动手臂移动。气室的织物外壳在这一过程中发挥了重要作用，类似于章鱼的肌肉纤维，弹性固定丝线以特定模式围绕气室。织物结构决定了机器人手臂何时伸展并产生力量，以及何时避免伸展，这使得BionicMotionRobot既能够快速有力地移动，又能轻柔精准地移动，由于具有自然的移动方式，机器人可用于完成各种任务，并与工作人员一起安全地工作。这种基于自然生物模型的仿生设计为机器人技术的发展开辟了新的可能性，进一步提升了机器人的性能和适应性。

(四) 智能进化法

随着人工智能和信息技术的发展，人类逐步进入万物智能时代，我们身边的产品将会变得越来越智能化。因此，智能进化法也理所当然地成为我们在产品创新过程中所采用的重要方法之一。

案例 **骑乘式和自动跟进的智能行李箱**

NAUCRATES是一款让旅行变得轻松自在的智能行李箱，如图5-11所示。它具备了自动跟随、避障、智能解锁、内置电池、GPS跟踪，以及可骑行等功能，为旅行者提供了极大的便利。这款行李箱的续航里程高达4.3英里(7千米)，通过操纵杆即可轻松掌控，同时配备了舒适的脚部支撑，可承受120公斤的重量，让使用者在旅途中尽享轻松与自在。

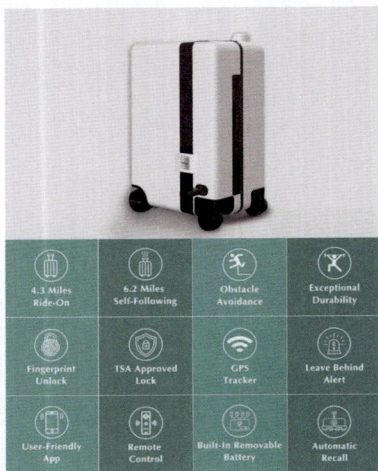

借助先进的AI算法和行业领先的传感器技术，NAUCRATES能够自主导航并灵活地避开障碍物。此外，通过利用超声波感应技术，行李箱能够实时监测周围环境，并根据实际情况调整自身的运动轨迹，确保旅途的安全与顺畅。

NAUCRATES不仅具备了各种智能功能，更在细节处体现出了人性化的设计理念。无论是旅行的起始地点还是目的地，无论是长途跋涉还是短途出行，它都能为用户提供前所未有的便利与舒适。

图5-11 NAUCRATES智能行李箱

(五) 模块化设计

模块化设计是一种高效的产品设计策略，它强调在一定范围内，通过对不同功能或相同功能但不同性能、不同规格的产品进行全面的功能分析，将其划分为一系列标准化的功能模块。这些模块可以根据需要进行选择和组合，以构建出满足市场多样化需求的产品。

模块化设计的核心思想是以不变应万变，通过构建一组通用的、可互换的模块，以最小的设计变化来应对市场的多样化需求。这种设计方法的目标是实现经济高效的生产，通过最大限度地复用已有的模块，以最低的成本生产出尽可能多的产品。

模块化设计的应用范围非常广泛，它可以应用于各行业和领域，从电子产品到家具，从汽车到建筑，都可以通过模块化设计来提高生产效率、降低成本并快速响应市场需求。

Novus是一款多功能的智能儿童手表，它能够在手表、手机与音箱之间轻松切换形态，如图5-12所示。它配备了一块2.5厘米的高分辨率触摸屏，分辨率为320×320，为用户带来出色的视觉体验。同时，它搭载了四核处理器和4GB内存，运行流畅的Android系统。此外，Novus还支持Nano SIM卡，支持多种定位方法，包括北斗、GPS、A-GPS和Wi-Fi，让用户随

图5-12　Novus模块化儿童手表

时随地都能精准定位，家长可以通过Novus应用程序实时跟踪孩子的位置和活动，确保孩子的安全。

另外，与Novus配套的音箱模块也是一个亮点，当主机插入时，音箱模块能够自动为主机充电。通过主机内置的Google智能助理，Novus还能变身为一款智能音箱，为用户带来出色的音频体验。即使在未插入主机的情况下，音箱模块也能够显示时间与日期，并支持闹钟和小夜灯功能。这款集多种功能于一身的智能设备，让用户的生活更加便捷和智能。

二、新产品开发原则

产品开发过程充满了不确定性，产品开发策略可能因受到来自产品内部或外部的变化影响，随时做出必要的调整，当面对不同用途和类型的产品时，往往也很难去严格定义一件"好产品"的标准到底是什么。但是，从人—产品—环境三者的关系角度出发，我们还是可以提炼和总结出若干产品开发设计的原则供设计师们参考。

1. 以人为本原则

以人为本原则是指在产品开发过程中，以人的需求、利益和体验为中心，把人的需求和体验放在首位，注重提高人的生活质量和幸福感。这一原则贯彻在产品开发的全过程中，从设计、制造、销售到使用、后期服务等各个环节都要充分考虑人的因素，尽可能地满足人的需求和期望。以人为本原则是产品开发的核心原则之一，在产品创新设计中要充分考虑人的因素，设计出更加符合用户需求、易于使用、安全可靠的产品。

2. 创新性原则

创新性原则是产品开发的首要原则，它要求在进行产品创新时，必须对市场进行深入调研，了解消费者的需求和偏好，以及竞争对手的情况。根据市场调研结果，分析市场机会，确定产品的定位和卖点，开发出与众不同的新产品。同时，要根据市场需求的变化趋势，不断创新和优化产品设计及功能，以保持产品的竞争力。

3. 实用性原则

产品开发过程中，实用性原则指的是产品在满足用户需求，具备优良性能、高可靠性、易用

性和安全性等方面的特点，以便更好地为用户提供服务。其中，易用性是产品实用性的另一重要指标，直接决定用户能否顺利使用产品，这包括交互设计、界面美化、操作简单等方面。在产品开发过程中，要注重用户体验设计，简化操作流程，提高产品的易用性和用户体验。

4. 美观性原则

在产品开发中，美观性原则对于提高产品的吸引力和竞争力至关重要。为了使产品达到美观性的要求，在产品设计时要对产品的形态比例、色彩搭配、材质选择、细节处理等方面进行深入研究和创新，提高产品的美观性和用户体验，从而提升产品的竞争力和市场价值。

5. 简洁性原则

简洁设计是指在产品开发中追求简洁、明了的外观设计，避免过度花哨的装饰和不必要的复杂功能，以突出产品的核心价值和功能。简洁设计能够使产品看起来更加干净、整洁，使用起来也更加方便。

6. 低碳可持续性原则

可持续发展已成为当今社会的主题，因此在产品开发过程中，必须关注可持续发展原则，将环保、节能、减排等理念融入产品设计和生产中。通过采用环保材料、优化产品设计、提高能源利用效率等措施，实现产品对环境的影响最小化。

三、产品创新理念

(一) 绿色设计

绿色设计又被称为生态设计和环境友好设计，是自20世纪80年代末兴起的一股设计潮流和设计思想，目前已成为产品设计与制造过程中所遵循的重要方法与原则。绿色设计思想的产生是人类对自身与环境之间关系的重新思考与定位，标志着人类从无节制的消费主义到理性主义的回归。在产品创新过程中贯彻绿色设计思想，既是设计师职业道德与社会责任心的体现，也是满足地球环境和资源可持续利用的需要。

图5-13 华硕U6V笔记本

绿色设计思想首先是一个系统化思想，它将产品及内部构成要素、使用环境，甚至整个地球的生物圈看作是一个联系且相互作用的整体，同时着眼于产品全生命周期过程，将绿色设计思想贯穿于产品创意构思、概念设计、生产制造、运输存储、使用维修、废弃回收每一过程阶段。图5-13展示的是华硕U6V笔记本，它的外壳设计采用的是毛竹材料，不但让产品实现了绿色设计，而且具备耐压、耐磨、耐潮、无惧热胀冷缩等特性。

对于产品创新设计而言，绿色设计的核心是3R1D原则，即少量化(reduce)、可循环(recycle)、再利用(reuse)、可降解(degradable)。

1. 少量化

少量化(reduce)，是指减少产品设计制造过程中材料和能源的消耗，将产品使用过程中对环境有害物的排放量降至最低。

2. 可循环

可循环(recycle)，是指产品使用后可以重新回到设计或生产过程中来，成为新的有可利用价值的资源。

3. 再利用

再利用(reuse)，是指提高某种产品的重复利用率，产品在损坏或废弃后可以经过修复或再制造过程后继续使用，发挥该产品的作用，或者是将其改作其他用途，满足人在其他方面的需求。

4. 可降解

可降解(degradable)，是指用于制造产品及其包装物所使用的材料可以自行降解，不会对环境产生污染和造成破坏。图5-14展示的MarinaTex生物塑料袋，由有机鱼废弃物和红藻制成，具有很高的连接强度和弹性，最主要的是它在4～6周内就能在家用食物垃圾中分解。

图5-14　MarinaTex生物塑料袋

案例 **扇贝壳制作的极简环保头盔**

在北海道最北端的幽静小村庄，海鲜产业每年会留下40 000吨扇贝壳废弃物，这些未处理的贝壳若长期遗留在地，恐将引发土壤污染，无疑给村庄和居民带来不小的困扰。为妥善处理这些贝壳，村民们决定开展一次创新尝试，他们精心清洗这些贝壳，将其碾碎，再与回收塑料巧妙结合，生产出一种崭新的材料——Shellstic。

Shellstic，这个奇特的结合体，不仅保留了贝壳的天然之美，更融入了塑料的实用性能，不仅环保，而且可以像普通塑料一样使用！这一突破性的解决方案，为村庄的贝壳废弃物问题指明了解决之道。通过巧妙的转化，这些贝壳不再是负担，它们化身为坚固而富有弹性的新材料。

图5-15　扇贝壳制作的环保头盔

首款采用Shellstic材料的创新产品为Shellmet头盔，如图5-15所示。其设计师门田新太郎坚信："我们的使命是创造对环境影响最小的可持续产品，以此为地球的可持续发展献一份绵薄之力。"

(二) 人性化设计

人性化设计理念就是在产品设计中坚持"以人为本"思想，和"以用户为中心"原则，洞察用户的真正需求，了解用户在产品使用过程中存在的问题，并运用设计手段创造性地帮助用户解决问题。在满足用户基本需求的基础上，还要关注用户诸如心理、情感、文化等方面高层次的需求，最大限度地改善用户在产品使用过程中的体验，体现出设计对人性的尊重。

除了满足一般消费人群的需求，人性化设计理念引导设计师要给予在生理和心理方面存在一定障碍的弱势人群以特别关注，了解他们的特殊需求，在进行产品设计时应充分考虑，发挥设计应有的人文关怀功能，让这部分人群通过产品感受到设计中充满的人性光芒。

案例　OXO削皮器设计

OXO品牌创始人Sam Farber的妻子Betsey深受关节炎困扰，在日常生活中使用传统削皮刀等小工具时显得十分吃力。为了减轻妻子的负担，Sam Farber决定倾注心血研发一款更适合关节炎患者使用的削皮器。经过漫长的设计探索和模型反复测试，终于在1990年成功打造出这款借鉴人机工程学理念的OXO削皮器，如图5-16所示。

图5-16　OXO削皮器

这款削皮器的独特之处在于其创新的握柄，在形状、尺寸和材质方面均经过精心设计，符合人体工学原理。首先，握柄整体采用宽椭圆形状，且有左右螺纹和鳍片的特殊结构和造型设计，这种设计让使用者在握持时更加稳定，有效缓解了关节炎患者因手指关节僵硬或疼痛而导致的不便，使其在手部力量减弱或易打滑的情况下也能够轻松掌握削皮器，避免因滑脱而造成的伤害。其次，手柄采用特殊材质santoprene(一种具有较小表面摩擦力的合成弹性氯丁橡胶)，这种材质不仅触感柔软，而且能够减少手部与金属或硬质塑料的直接接触，从而减轻关节炎患者因长时间握持硬物而产生的疲劳感和疼痛感。OXO削皮器的设计，充分融入了人体工程学原理，精心挑选材质，并对功能进行了全面优化，确保每一处细节都经过深思熟虑与精心打造，充分体现了人性化设计的理念。

第四节　新产品开发程序

按照产品开发过程起始不同，可以将新产品开发分为两种类型，一类是技术驱动型，一类是需求驱动型。技术驱动型是指引发产品创新的动力主要来自技术的变革；需求驱动型是指按照消费者的需求对产品进行研发和设计，以满足不断变化的市场要求。

当一项技术发展到稳定成熟阶段，产品创新越来越依赖于对用户需求的识别和把握，特别是在今天以用户为中心理念的影响下，以消费者需求为导向的需求驱动型新产品开发越来越受到企业的重视。下面就对需求驱动型新产品开发设计过程进行介绍。

一、市场调研与需求分析

市场调研与需求分析阶段的任务主要是通过了解市场信息和用户需求，识别产品创新机会。用于需求分析的方法主要有观察法、问卷法、访谈法和角色扮演法。

(一) 观察法

观察是在获取信息方面最直接有效的途径，观察法是认识事物、研究问题时最常用的一种方法。在利用观察法进行需求分析的过程中，设计师通常会结合观察日记、图片拍摄、影像记录等方式进行，以便后续对所采集信息的处理。图5-17展示的是儿童在使用康复产品过程中的一组观察照片，照片拍摄的主要是儿童使用产品时的状态及大人调节设备时的状态，设计师可以对儿童患者在训练时所需固定的位置，以及一些部件的尺寸进行更进一步的分析和总结。

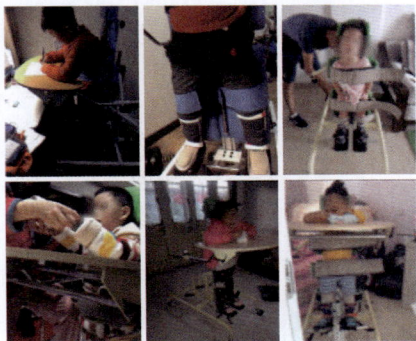

图5-17　儿童使用康复产品行为与状态观察

(二) 问卷法

问卷法是通过向被调查者发放问卷来获取信息，征集意见的调研方法。问卷法具有调研覆盖面广、节省时间和成本低等优点，特别是在互联网时代，借助于一些专门用于开展网络问卷调研的App应用小程序，可以更方便地辅助我们完成问卷调研任务。

(三) 访谈法

访谈法可以弥补观察法无法获取用户思想活动过程的不足，调研人员通过与用户直接建立对话，进行深入交流和沟通，可以在短时间内了解用户的所思所想，通过分析梳理后成为对产品开发设计有重要参考价值的信息。

(四) 角色扮演法

按照"以用户为中心"的产品开发理念，需求分析要求站在用户角度思考问题，与用户建立同理心。角色扮演法可以帮助设计师以最直接的方式进入用户生活的真实情境，对用户所面临的问题感同身受，加深设计师对问题的理解和判断。

需要说明的是，任何一种调研方法都有其自身的优点和缺点，为了保证所获取信息的全面性、真实性和准确性，在产品调研阶段，往往会同时采用多种方法开展调研，以方便后期对所获取信息进行分析整理及相互比较印证。

二、产品定义

产品定义是在市场调研与需求分析基础上，结合多方面信息确立产品开发目标与方向的过程，形成未来目标产品的初期概念。

在定义问题时，需要全面、准确地把握和理解用户需求，认真判定产品创新机会，避免因掌握信息不全或对信息理解错误导致产品开发目标和方向偏离实际情况。

三、方案设计

产品是一个技术系统，由多方面的要素组成，产品创新往往是一个系统性的工作，成功的产品创新需要把握几个关键要素，即功能、原理、结构、造型、人因和材料。这些要素也被称作产品创新设计六要素。

任何产品都是要解决"特定时间""特定地点""特定人群"的需求，这里讲的特定时间和特定地点就是指环境因素。因此，除了以上提到的六个要素，在进行产品创新设计时一定要考虑环境因素，或者说需要将以上六个要素的分析及设计置于产品的整体使用场景和环境中进行。

(一) 功能

功能要素是产品价值存在的基础，产品正是通过其功能发挥作用的，比如汽车具有载人载物移动的功能，手机具有移动通信的功能，冰箱具有保持食物新鲜的功能。产品创新往往是通过功能创新实现的，或者说产品功能创新是产品创新的核心目标，产品具有某一方面的功能是满足用户需求的前提，用户对产品的需求本质上正是对产品功能的需求，用户对功能需求的不断变化，客观上推动了产品不断走向创新。图5-18和图5-19是关于消毒机器人的功能分析。

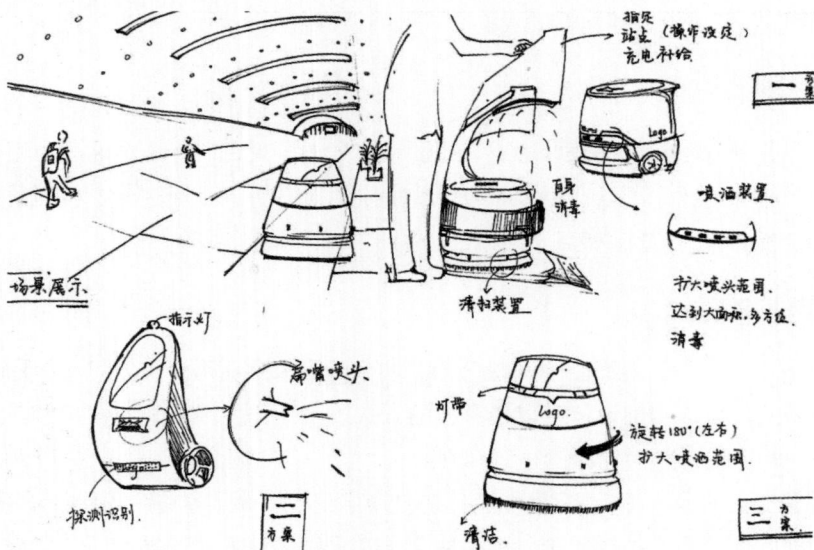

图5-18 消毒机器人功能分析

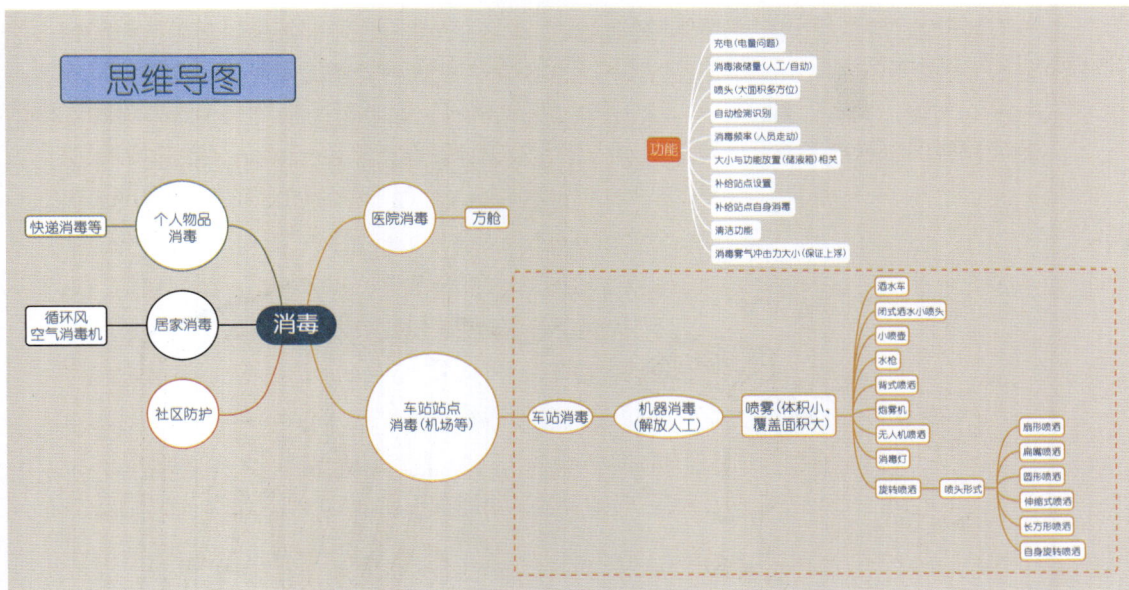

图5-19　功能分析思维导图

(二) 原理

　　原理是指产品发挥作用，产生效应的内在根据，比如光固化3D打印机利用的是光敏树脂遇见紫外光凝固硬化的原理，照相机利用的是小孔成像原理等。产品的同一功能可以通过不同的原理来实现。图5-20和图5-21是关于消毒机器人的工作原理分析。

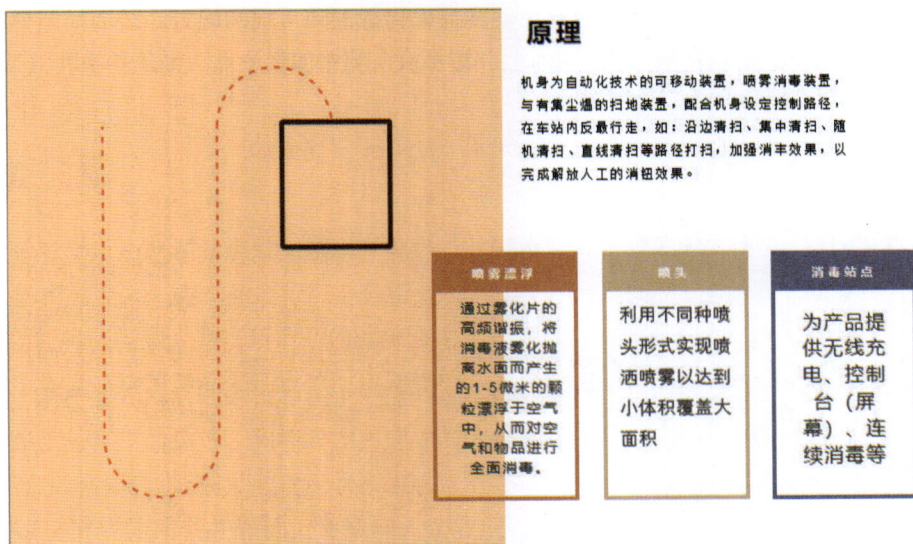

图5-20　消毒机器人的工作原理

喷嘴，清扫口，收灰口，储液箱，电池，轮轴，屏幕

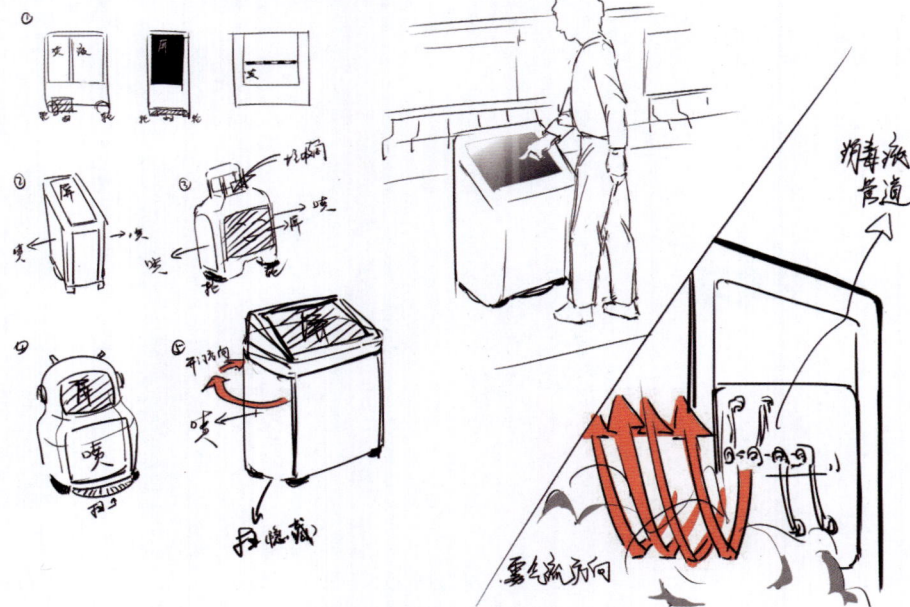

图5-21　消毒机器人工作原理分析

（三）结构

　　产品结构是对整个产品起到支撑和负载作用的物件，根据产品复杂程度的不同，产品的结构也表现各异，比如椅子作为一个产品，具有非常简单的结构，但是汽车作为一个产品，就有着十分复杂的结构，但无论是什么样的结构都必须具备承受自重和负载的能力。结构根据构成情况的不同，可以分为框架结构和壳形结构。图5-22~图5-24是关于消毒机器人的结构分析。

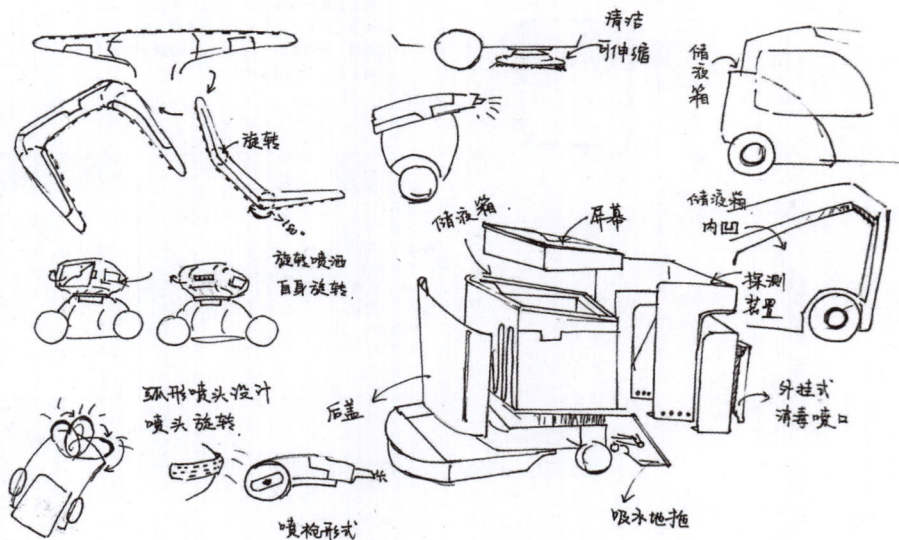

图5-22　消毒机器人结构分析（一）

产品 结构

（上部分）旋转折叠喷头
（下部分）机身

- 消毒液储存槽　　·无线充电池
- 收灰槽　　　　　·清扫结构
- 消毒液管道　　　·车轮
- 红外探测结构　　·外壳

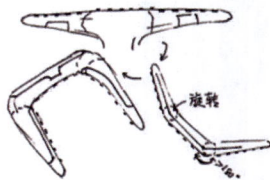

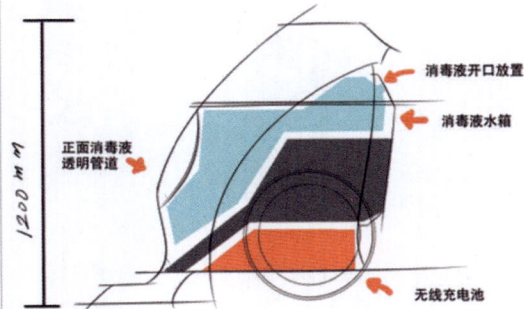

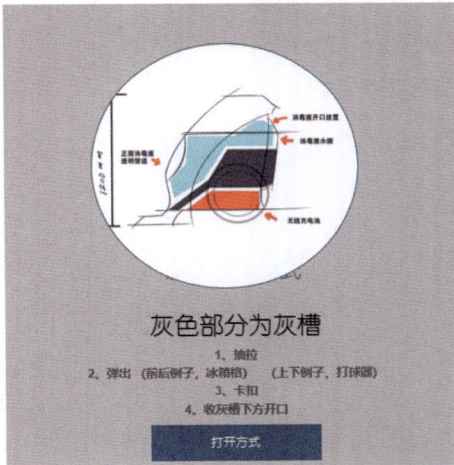

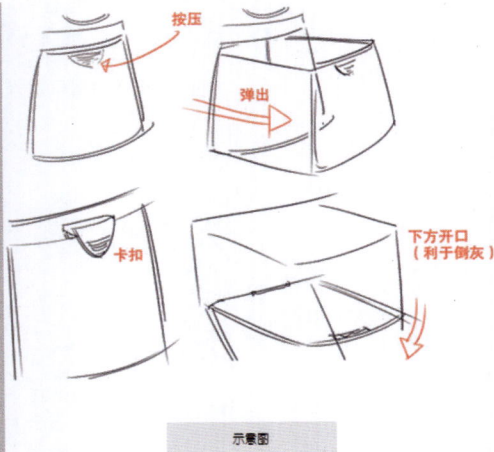

旋转

1200mm

消毒液开口放置
消毒液水箱
正面消毒液透明管道
无线充电池

灰色部分为灰槽

1、抽拉
2、弹出（前后侧子，冰箱格）　（上下侧子，打球器）
3、卡扣
4、收灰槽下方开口

打开方式

按压
弹出
卡扣
下方开口
（利于倒灰）

示意图

图5-23　消毒机器人结构分析(二)

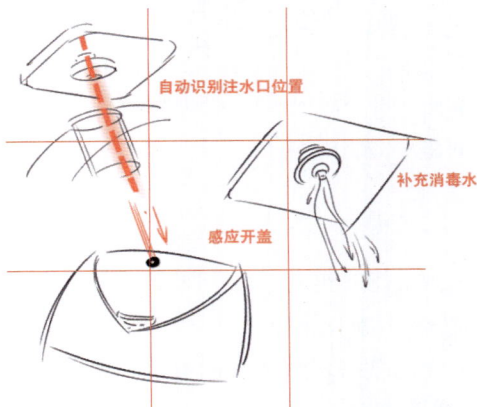

自动识别注水口位置
补充消毒水
感应开盖

注水方式
站点自动对接
补充消毒水
感应开盖（解放人工）

右图为以上几种注水方式示意图

图5-24　消毒机器人结构分析(三)

(四) 人因

人因是指产品设计创新要充分考虑"人"的因素，让产品从功能布局到界面操作都要满足和适应人的需求，充分做到"以人为本"或者"以用户为中心"。要实现这一点，就需要在进行产品设计创新时充分考虑几方面的因素，即生理、认知、心理、情感、社会和文化。图5-25和图5-26是关于消毒机器人使用操作人因关系的分析。

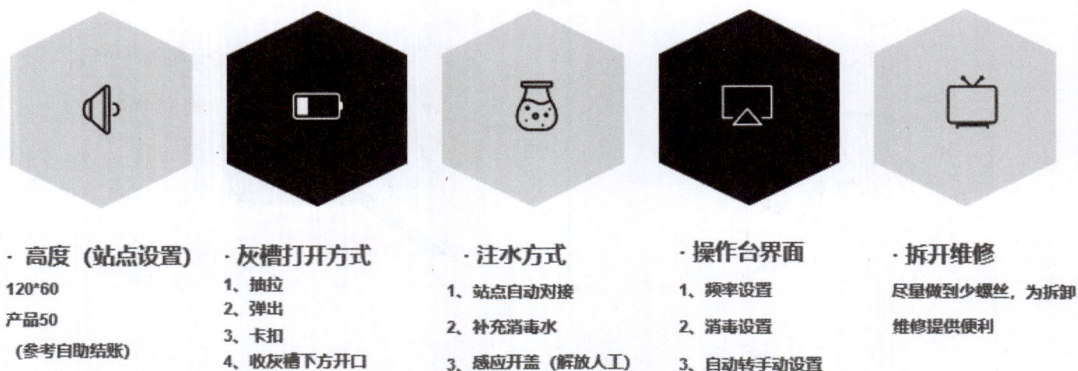

· 高度（站点设置） · 灰槽打开方式 · 注水方式 · 操作台界面 · 拆开维修

120*60 1. 抽拉 1. 站点自动对接 1. 频率设置 尽量做到少螺丝，为拆卸

产品50 2. 弹出 2. 补充消毒水 2. 消毒设置 维修提供便利

（参考自助结账） 3. 卡扣 3. 感应开盖（解放人工） 3. 自动转手动设置

4. 收灰槽下方开口

图5-25 消毒机器人人因关系分析(一)

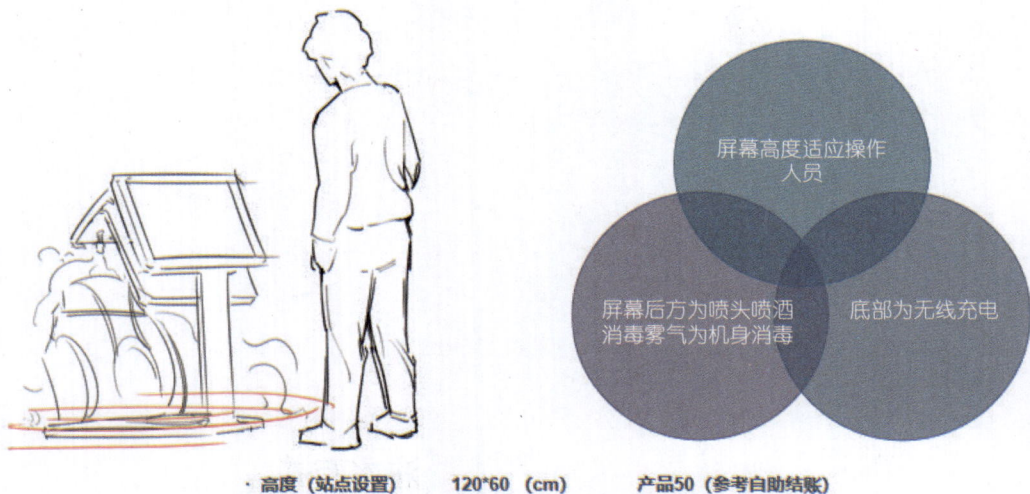

屏幕高度适应操作人员

屏幕后方为喷头喷洒消毒雾气为机身消毒

底部为无线充电

· 高度（站点设置） 120*60（cm） 产品50（参考自助结账）

图5-26 消毒机器人人因关系分析(二)

(五) 形态

形态是产品功能的载体，既承担着产品物理功能的实现，又承担着产品精神功能的传达。因此，产品形态创新对提升产品综合品质及附加价值具有重要意义。

形态设计往往从形态创意草图开始，然后在形态草图的基础上进一步发展和完善，形成1~3套形态方案效果图供选择。产品形态设计过程中，设计师除了要具备一定的造型能力，还需要掌握产品语义学、色彩学等设计理论。图5-27～图5-30展示的是消毒机器人从草图到效果图的形态设计过程。

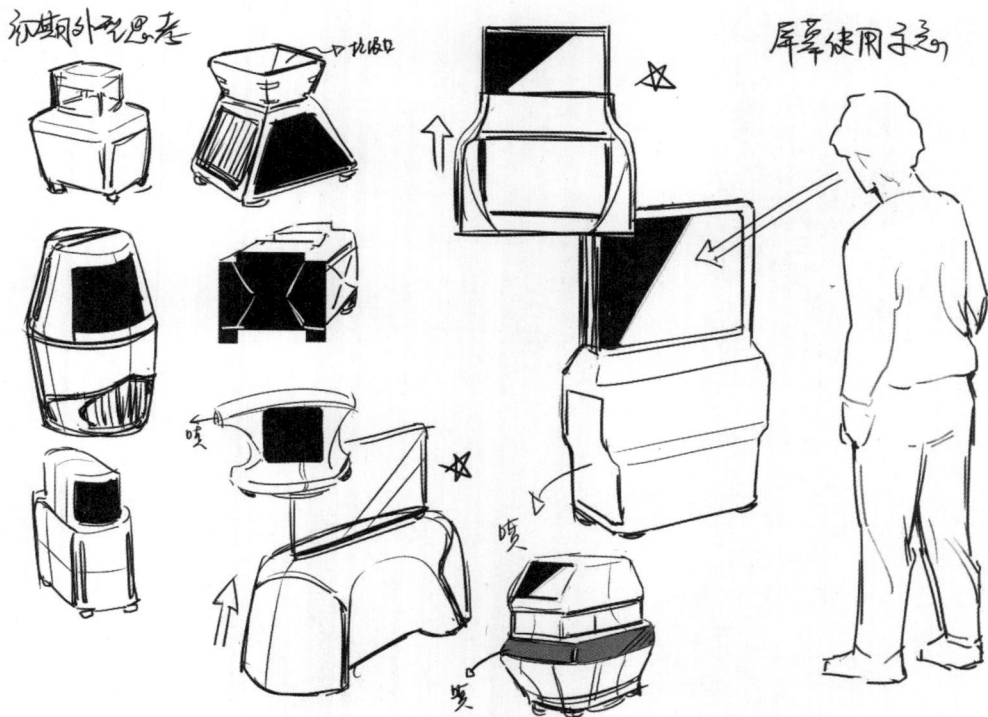

图5-27 消毒机器人形态创意草图

图5-28 消毒机器人形态效果图(一)

双侧开门 （一）

两侧各有滑动门，使用时带动上升。

产品部件

整体车架
下部四个滑轮
内部水箱
喷洒管道
喷头

工作原理

喷头进行喷洒（蓝色图形部分）产生大量雾气形消毒液进行室内环境消毒

适用于车站、高铁站、民居等室内空间下环境下

屏幕用于当前消毒者显示和工作人员对其的控制，同时可以辅助旅客得到相助信息

使用情景一

内侧喷雾管道展开

消毒剂由内部水箱泵到喷头口进行喷雾消毒。

假想效果如下。

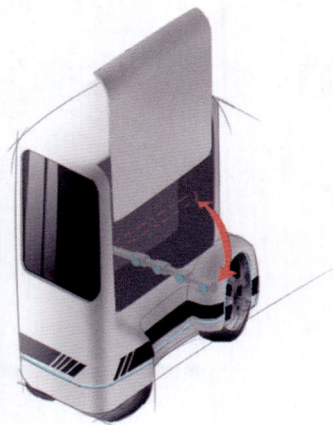

使用情景二

辅助旅客查阅候车时刻表等信息

显示防疫状态与消毒状态

显示内部消毒液剩余量

帮助工作人员人工调整机器运行

图5-28 消毒机器人形态效果图(一)(续)

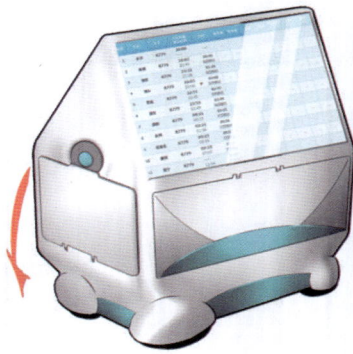

方案二

由型和方案一类似
但屏幕放置方式进行了修改

基于人效置，采用了较大的斜角放置屏幕

方案二

左右两侧有可揭开盖，内部是喷雾装置，
使用时盖下翻露出内部喷雾装置

装置下方可扫灰，结构类似扫地机器人，
前方蓝色弧部把手可掀开上翻，打开后从内部拿出收灰盒
清理

方案二

左右侧均有可掀开盖，内部是消毒喷洒装置

喷洒装置效果图：

掀开后可由内部喷头喷出消毒雾气

喷头后方连接内置消毒液箱（水箱），
消毒液的使用情况可由屏幕查看，前
后掀盖一侧负责补充消毒液，一侧负
责取出收灰盒【类似扫地机器人的清
扫功能，底部收灰】

功能介绍

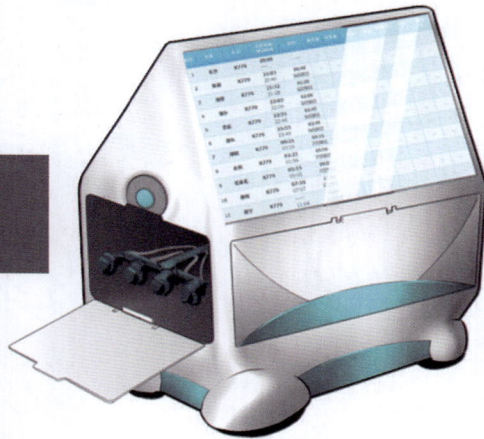

前掀盖掀开效果图

使用时人手可顺着前方外凸弧形凹槽将盖子掀开进行收灰尘盒的清理

图5-29 消毒机器人形态效果图(二)

方案三

草图一

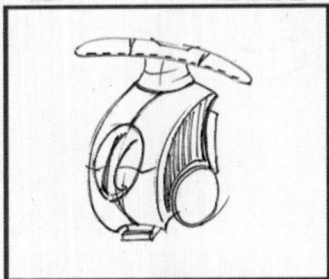

草图二

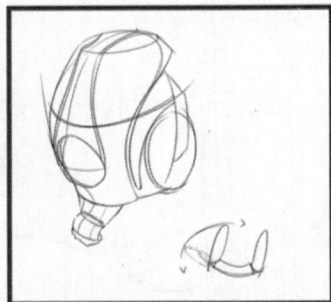

草图三

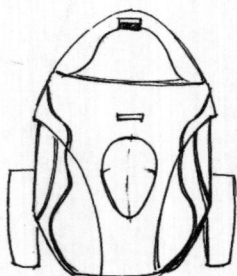

主视图

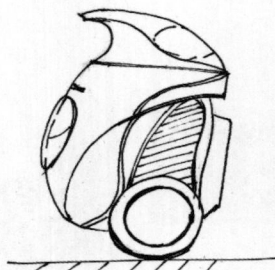

左视图

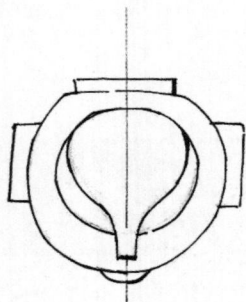

俯视图

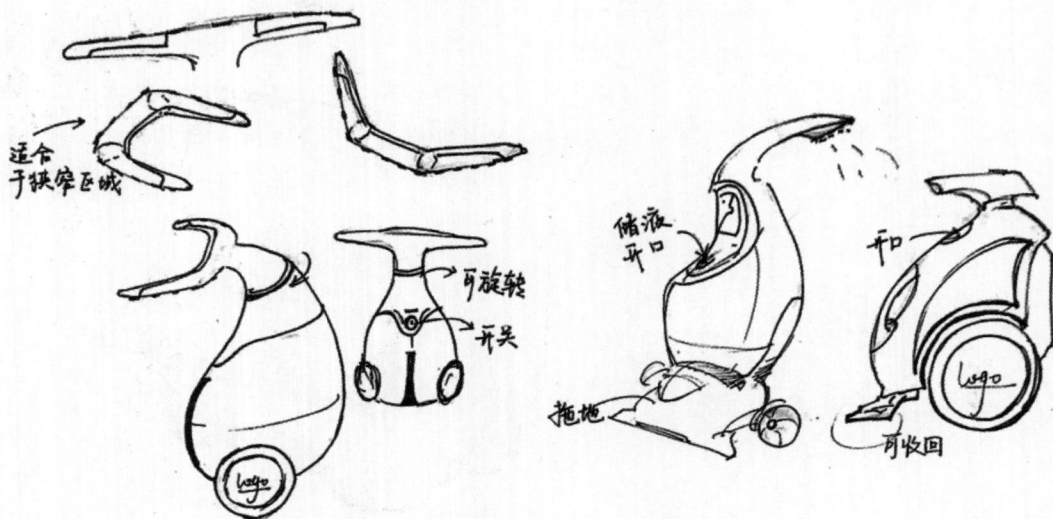

图5-30　消毒机器人形态效果图(三)

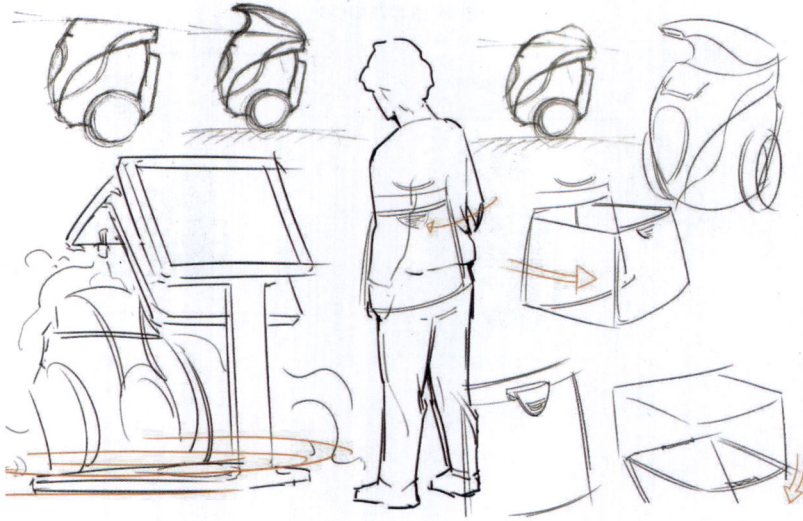

形态方案草图

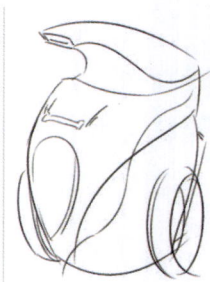

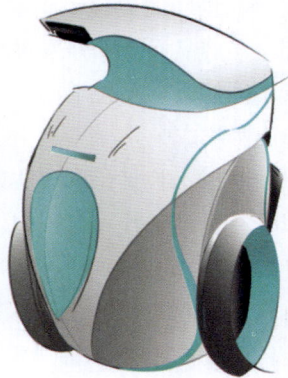

初步建模
过程图

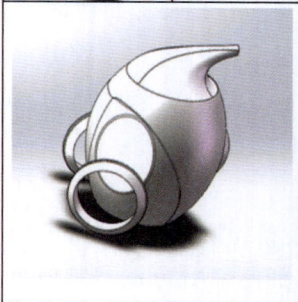

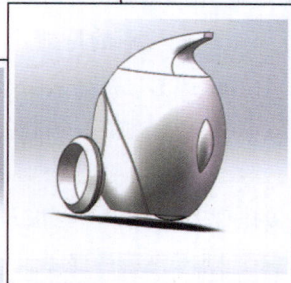

图5-30 消毒机器人形态效果图(三)(续)

效果图(消毒清扫机)

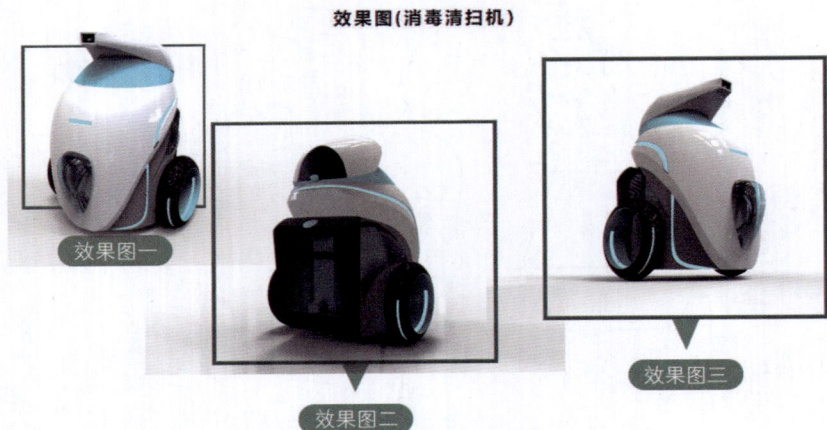

图5-30 消毒机器人形态效果图(三)(续)

(六) 材料

材料创新是产品创新的关键环节之一，它与产品的结构和形态紧密相关，共同决定和影响着产品功能的发挥。在产品设计和开发过程中，对材料的选择、处理和加工都是至关重要的步骤。不同的材料具有不同的物理和化学属性，对应着不同的加工工艺和生产方法，也会对产品的结构和形态产生深远的影响。

在产品创新过程中，设计师和工程师需要充分了解各种材料的特性、加工工艺和生产成本等方面的信息，以便在设计和开发过程中做出最佳的材料选择。随着科技的不断进步，新型材料的不断涌现也为产品创新提供更多的可能性。通过探索和应用新型材料，可以开发出更加轻便、耐用、环保等具有优良性能的产品，满足消费者不断升级的需求。

四、原型制作

在完成产品方案的设计后，为了更加全面地展示产品方案效果，并进一步验证产品方案的合理性和可行性，将进入产品原型制作阶段。

产品原型的功能主要用于展示和测试使用，在制作中不局限于使用某一种材料或是制作工艺，可以根据制作周期、制作成本和最终要完成的效果进行选择，只要能够满足展示和测试的要求即可。图5-31展示的是某产品开发设计原型制作的过程。

在选择原型制作技术之前，需要先明确设计目标，确定需要制作原型的范围和目的，如为了验证设计理念、评估产品性能、进行实际测试和优化等。根据设计目标的不同，选择相应的原型制作技术。

目前常见的原型制作工具，如3D打印机、CNC加工设备、激光切割机等。如果需要在原型中实现交互效果，则需要选择能够支持这些功能的技术，如使用Arduino或其他微控制器可以与传感器和执行器结合，实现原型的交互功能。下面将对原型制作过程中的3D打印技术和Arduino

电子原型制作技术进行介绍。

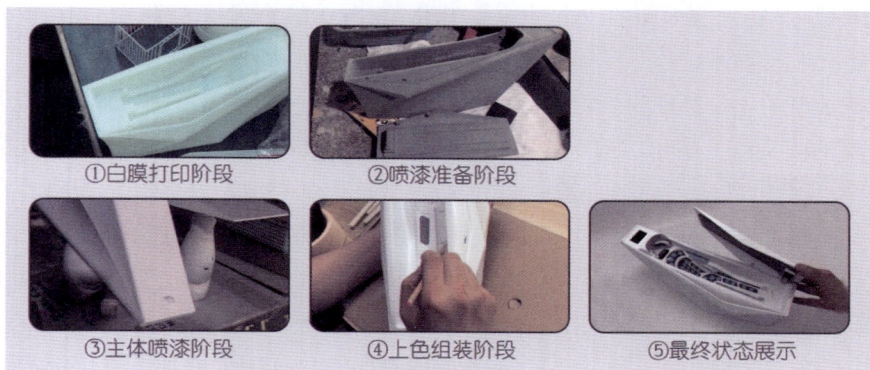

图5-31　产品开发设计原型制作过程

（一）3D打印技术

3D打印属于快速原型技术，它是以数字模型为基础，利用3D打印设备对粉末状金属和树脂等材料进行逐层打印，以此来实现物体的快速生成和建造。

目前，3D打印技术已被广泛应用于珠宝、鞋类、玩具、文创、医疗、建筑、汽车、航空航天等研发设计领域，如图5-32～图5-34所示。3D打印技术虽然距离直接制造和大规模应用还尚需时日，但在产品原型制作方面一直发挥着重要作用，为新产品开发设计带来极大方便。

图5-32　3D打印鞋　　　　图5-33　3D打印汽车　　　　图5-34　3D打印房屋结构

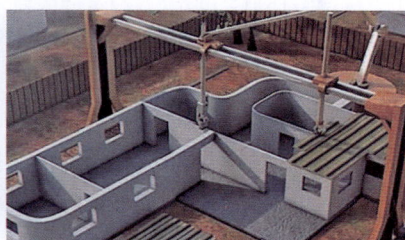

1.3D打印技术原理

3D打印，又称为增材制造，是对于传统工业生产的一种"变革性"方法。传统的减材制造工艺是指利用已有的几何模型工件，用工具将材料逐步切削、打磨、雕刻，最终制成所需的零件。而3D打印恰恰相反，借助于3D打印设备，通过对数字三维模型进行分层处理，将金属粉末、热塑性材料、树脂等特殊材料一层一层地不断堆积黏结，最终叠加形成三维整体。

2.3D打印技术的类型

近20年来3D打印技术发展迅速，在打印材料和成型方式方面新技术不断涌现，目前比较成熟的、在原型制作方面应用比较普遍的3D打印成型方式主要有熔融沉积成型、光固化成型等。下面对这两种3D打印成型方式进行介绍。

1) 熔融沉积成型

熔融沉积成型(fused depostion modeling，FDM)又称为熔丝沉积成型，是当前比较成熟且应用广泛的一种3D打印技术。

熔融沉积成型的工作原理为：将呈丝状的热熔性材料在一定温度下进行加热融化，经由一个带有微细喷嘴的喷头将其挤出，喷头在挤出材料的同时沿数字模型截面轮廓和填充轨迹进行运动，被挤出的材料最开始会沉积附着在打印机底板上并随着温度的下降快速固化，当喷头走完一个截面轮廓即完成一层的打印，这时工作台会按预定的增量下降一个层的厚度，再继续进行下一层的打印，这样层层叠加，逐层沉积固化，直至完成整个实体的造型。图5-35展示的是利用熔融沉积成型技术制作工艺品的过程。

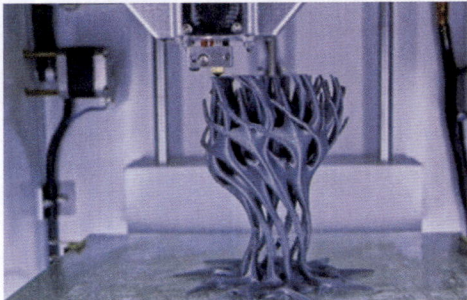

图5-35 熔融沉积成型过程

熔融沉积成型(FDM)打印所使用的材料主要有工程塑料(ABS)和聚乳酸(PLA)两种。工程塑料具有优良的综合性能，强度、柔韧性、耐温性及机械加工性都比较好，对于打印完需要进一步打磨处理和喷漆上色的模型来说，工程塑料为首选材料；但工程塑料也存在缺点，它在打印过程中会产生一定的气味，打印时需要在通风的地方进行并注意做好防护，它还具有一定的冷收缩性，所以在打印底面积比较大的模型时会出现模型一侧与打印底板之间脱离的情况，即通常所说的"翘边"。聚乳酸也是一种使用比较广泛的材料，由于它是使用可再生植物中所提取的淀粉作为原料制成，属于生物可降解材料，比较环保，在打印过程中安全、无气味；但聚乳酸的熔点比较低，强度和可加工性相对于工程塑料而言要差一些，不适合后期的打磨和上色。

2) 光固化成型

光固化成型(stereo lithography appearance，SLA)又称为立体光刻造型技术，其成型原理主要是利用了液态光敏树脂的光聚合特性，即在一定波长和强度的紫外光照射下迅速发生固化。

光固化成型的工作原理为：工作平台浸入盛满光敏树脂液的液槽中，激光束按计算机的指令沿着数字模型截面进行扫描，被扫描照射到的地方的液态光敏树脂遇光快速固化，未被照射到的地方仍然处于液体状态，每扫描固化完成一层，工作台就会下降一层高度，再进行下一层的扫描固化，直至整个模型打印完成。图5-36展示的是利用光固化技术成型的零件。

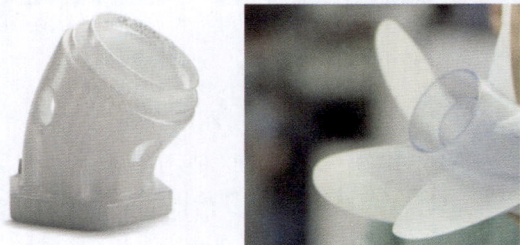

图5-36 利用光固化技术成型的零件

3. 3D打印技术的优势

3D打印技术与传统加工成型过程中所采用的"减材制造"和"等材制造"方法不同，它采用的是增材制造的成型方式，因此较于传统的制造技术在一些方面具有独特的优势。

1) 让造物变得更方便

3D打印机特别是桌面3D打印机的出现，让"造物"这件在以往看起来很难的事变得越来越简单。不像传统的制造加工工厂需要占用较大的空间和使用又大又笨重的设备，一台小型桌面打印机，外加一台笔记本电脑就可以满足3D打印的基本需要，大大降低了造物的门槛。图5-37展示的是通过3D打印实现创意灯具的设计制造，摆脱了传统灯具设计制造对工厂的依赖。

2) 可进行个性化生产定制

3D打印属于直接制造技术，在生产制造过程中不需要模具，单件生产制造成本可控，因此适用于单件或小批量生产制造的场合。同时，3D打印有助于实现产品的多样性和个性化，可以更好地贯彻以用户为中心的原则。图5-38为利用3D打印技术实现的对医疗康复产品的个性化定制。

3) 实现复杂形状物品的生成和制造

受到传统加工制造技术的限制和影响，以往很多力学性能良好且形式具有美感的结构和形态设计方案只能被弃置。3D打印成型过程采用逐层叠加、增材制造的方式，不需要使用模具和工装，因此让生产制造有了更大的灵活性和实现的可能性，对于具有复杂结构和形态的零件或产品而言，只要有三维数字化模型，基本上就可以通过3D打印方式将其实现。

3D打印技术可实现具有复杂结构和形态物品的制造，如图5-39所示，释放了设计师的创造力和想象力。

4) 低碳环保

利用3D打印增材制造技术，在生产制造中还可以有效减少材料和能源的浪费，实现绿色生产制造，有助于"碳达峰"和"碳中和"目标的实现。根据研究报告显示，与传统制造方式相比，增材制造可将材料成本和浪费降低近90%，碳排量减少48%，能耗降低50%。

图5-37　3D打印创意灯具

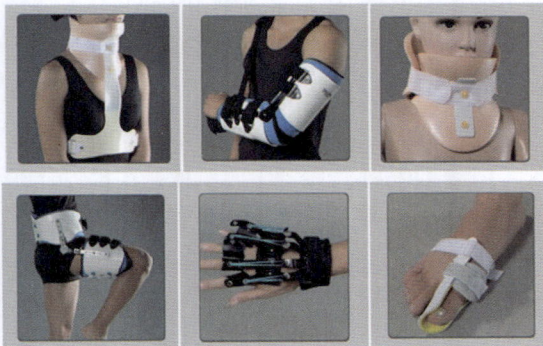

图5-38　3D打印可实现医疗产品定制

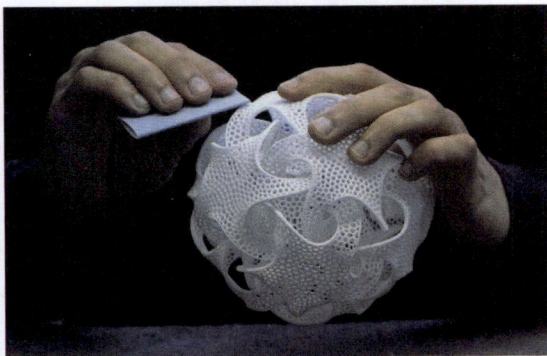

图5-39　3D打印可制作复杂结构和形态的物品

4. 3D打印技术流程

3D打印过程，可以划分为如下四个阶段。

第一阶段：建立三维数字化模型

3D打印是以三维数字化模型为基础的，所以获取三维数字化模型是3D打印的第一步。用来构建三维数字化模型的方法主要有两种：一是利用三维设计软件直接进行模型创建；二是利用三维扫描设备对实物进行数据采集，获得实物的三维数字化模型，这种方法被称作逆向工程。用来进行三维建模的设计软件很多，在产品开发设计中常使用Solidworks、UGNX、CATIA等软件。

第二阶段：模型打印前处理

在进行正式的模型打印前，往往需要对数字模型进行一些处理，主要包括添加支撑和做一些镂空、薄壳、晶格化等特殊效果，如果模型存在"破面"等问题，还需要对模型做进一步修复和优化。用于3D打印前处理的软件主要有Materialise Magics、chitubox、Meshmixer等。

需要指出的是，为了满足3D打印技术大范围普及和推广的需要，3D打印设备智能化水平不断提高，3D打印技术正逐渐由专业化走向大众化。3D打印操作过程变得越来越简单，一些诸如支撑添加、切片处理等在3D打印前需处理的相关工作可交给系统自动完成，用户只需将准备好的模型添加到打印环境中，通过"一键操作"即可进行3D打印。

第三阶段：模型打印

在模型打印阶段，主要工作是根据设计师的设计意图和项目任务要求对相关打印参数进行选择和设置。

在模型打印过程中还要留意是否出现问题，能够及时发现并排除问题，避免出现无法打印成功或打印出残次品模型的情况。打印中常见的问题主要有几方面：①模型底面出现翘起现象；②打印丝材缠住导致打印喷头无法正常吐丝；③打印过程出现机器故障。

第四阶段：打印后模型处理

当打印出实物模型后，还需要对模型做进一步处理。常见的模型处理方式包括：①去除底筏和支撑部分；②对光敏树脂打印完成的模型表面进行清洗和光照固化；③对打印件表面进行打磨和上色；④按照图纸，将打印完成的各部分零件模型装配到一起。

(二) 电子原型制作技术

在智能产品开发设计中，当产品设计方案产生以后，就需要制作一个电子原型对产品功能进行测试。电子原型制作需要用到单片机、传感器等硬件材料和用于编程控制的软件环境，为了在短时间内快速搭建一个电子原型，可以采用开源电子原型平台来完成。目前主流的开源电子原型平台有Arduino、Raspberry Pi和BeagleBone等，下面以Arduino为例对电子原型制作相关技术进行介绍。

Arduino以Atmel AV单片机作为处理器，包括用来做电路连接的硬件(Arduino板)和用来进行控制程序编写的软件(Arduino IDE)两大部分，它们构成了一个功能强大且开源的开发环境。目前，全球数百万用户和数千家公司已经在使用Arduino作为创新平台。图5-40～图5-45展示的是基于Arduino平台完成的创新作品原型设计。

图5-40 Arduino智能家居语音识别套件

图5-41 Arduino机器人

图5-42 Arduino航拍直升机

图5-43 Arduino机械手

图5-44 Arduino离心机

图5-45 Arduino DNA采样分析器

电子原型平台制作流程如下：首先，根据原型要实现的功能选择相应的传感器和执行器，通过引脚与Arduino板建立连接；然后，在Arduino IDE中编写程序代码，再将程序代码烧录到主板的单片机中，处理器根据传感器输入的信号做出判断、发出指令；最后，驱动LED或电机等执行器工作，实现产品预期功能。

1. Arduino硬件介绍

Arduino硬件是一块完整的电路板，包含一块微控制器IC、一组排母用于连接到其他电路、若干个稳压器IC用于给整个电路提供合适的电源、一个USB接口用于连接计算机。

Arduino 开发板众多，仅主板就有各种系列，还有各种对应的扩展板和传感器模块。Arduino基本都是采用 Atmel 公司的16位及32位芯片。广受青睐的 Arduino Uno 开发板，如图5-46所示。

图5-46 Arduino Uno 开发板图

组成Arduino Uno开发板的核心硬件如下。

(1) 核心微控制器：Atmel AVR ATmega328P微控制器。

(2) 外部连接排母：与外部交互的接口，分为电源、模拟输入、数字输入/输出三组。

(3) USB接口：负责程序上传、程序调试、临时供电三项工作。

(4) 可用内存：①Flash内存，用于写入和保存数据；②静态RAM，运行时临时储存数据；③EEPROM(电可擦可编程只读存储器)，用来保存程序的额外数据，如数学公式的值，或者Arduino读取到的传感器读数。

(5) 电源接口：①通过USB接口供电，电压为5V；②通过DC电源输入接口供电，电压要求7~12V；③通过电源接口处5V或者VIN端口供电，5V端口处供电必须为5V，VIN端口处供电为7~12V。

2. Arduino开发环境

Arduino作为一款智能硬件开发平台，除了硬件以外还需要arduino IDE软件来完成控制程序的编写。Arduino IDE是一个开源的集成开发环境，用于编写、编译和上传Arduino开发板中的程序。它支持多种操作系统，包括Windows、macOS和Linux。Arduino IDE环境界面，如图5-47所示。

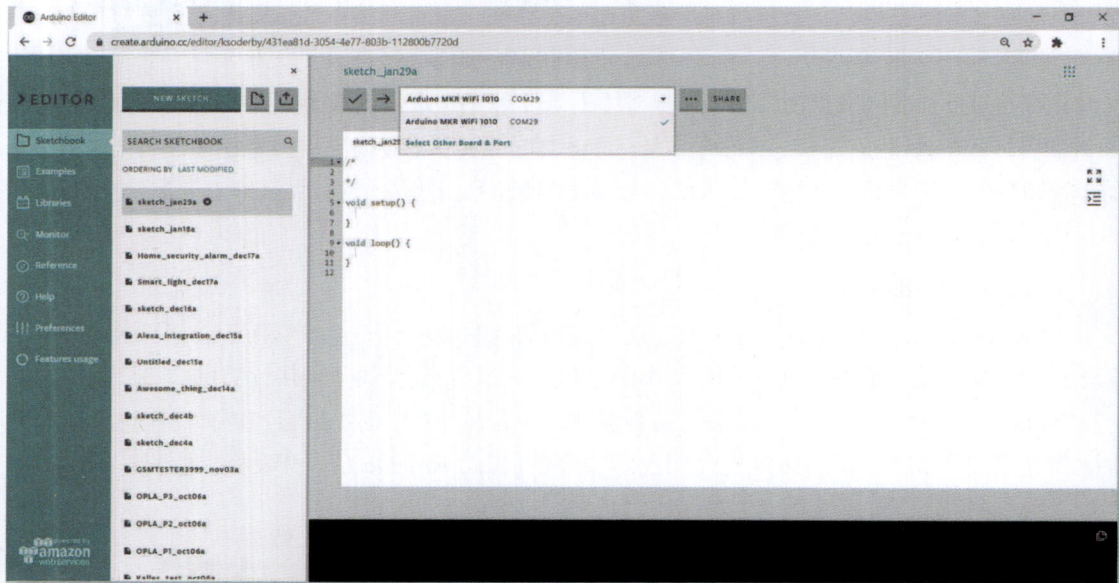

图5-47　Arduino IDE软件环境界面

1) Arduino IDE的特点

(1) 简单易用。Arduino IDE的设计简洁直观，无论是初学者还是有经验的开发者都能轻松上手。

(2) 丰富的库和示例代码。Arduino IDE集成了大量的库和示例代码，可以帮助开发者快速构建各种应用。

(3) 跨平台兼容性。Arduino IDE可以在多种操作系统中运行，使得开发者可以在不同的平台上实施开发工作。

(4) 支持多种开发板。Arduino IDE支持各种型号的Arduino电路板，使得开发者可以根据实际需要选择合适的开发板。

(5) 调试功能。Arduino IDE支持实时调试功能，可以帮助开发者快速定位和解决问题。

2) Arduino IDE开发的一般步骤

(1) 安装软件。从官方网站下载并安装Arduino IDE。

(2) 连接开发板。将Arduino开发板通过USB线连接到计算机。

(3) 创建新项目。在Arduino IDE中创建一个新的项目。

(4) 编写代码。使用Arduino IDE的编辑器编写程序代码。

(5) 编译程序。在Arduino IDE中编译程序，生成可执行的二进制文件。

(6) 上传程序。将可执行的二进制文件上传到Arduino开发板中。

(7) 调试程序。使用Arduino IDE的调试功能，检查程序是否正常运行。

五、产品测试

产品测试是对产品或产品原型的相关功能及各种特性参数进行验证的过程，通常在产品原型样机制作完成后、正式量产前进行。产品开发过程充满了各种不确定性，通过产品测试可以减少这种不确定性，降低企业开发产品失败的风险，通过测试及时发现现有设计方案存在的问题，并针对问题对设计方案进行更改和升级。产品测试往往需要多次反复进行，经过一次次的测试和对设计方案的修改，对产品方案进行不断迭代，直至满足各方面的要求。

通过对产品原型进行测试后，往往还需要对整个产品设计方案的各方面指标进行系统评价，以便全面了解和掌握关于产品开发的情况，为后续的工程化设计阶段和产品上市推广提供参考。

思考练习题

1. 请针对生活中存在的痛点问题展开调研，并进行需求分析。

2. 选择市场上某一类产品进行综合分析评价，找出产品当前存在的缺点和不足，在此基础上进行产品创新机会识别，并对新产品的概念及主要创新点进行阐述。

3. 请思考，在进行产品创新设计时应遵循哪些原则，如何做到以人为本？

第六章

服务创新设计

内容概述

本章讲解的内容包括以下3个方面：

（1）介绍服务及服务设计的概念，以及提出背景；

（2）介绍服务设计创新的目标、原则与方法；

（3）介绍服务设计创新流程，以及"双钻模型"工具。

目标与任务

了解服务设计的概念和服务创新设计创造价值过程中的作用；学习服务创新设计的目标、原则与方法；熟悉服务设计创新流程，并掌握"双钻模型"在服务创新设计的应用。

第一节 关于服务设计

一、服务设计的兴起

美国社会学家丹尼尔·贝尔在1973年出版的《后工业社会的来临》一书中，将人类社会划分为前工业社会、工业社会和后工业社会三个阶段，并指出后工业社会的一个重要特征，就是在后工业社会里，社会发展将由制造业经济转向服务业经济，有一大部分人口从农业或制造业转向贸易、金融、物流、娱乐和教育等服务业，政府也由管理型政府转向服务型政府。

服务业的产生是人类社会物质生产条件达到一定先进程度，人们对生产和生活消费产生更高需求的结果。而服务经济是一种以提供各种服务为核心，旨在满足消费者需求的经济模式，在这一模式下，企业将重心放在提供优质服务上，通过优化服务质量和创新服务模式，增强客户的满意度和忠诚度，进而在市场竞争中获得更大的份额。企业持续提高和改进现有服务并不断创造新的服务，是服务经济发展的内在要求，也是服务设计这一新兴设计领域产生和存在的基础。这是因为随着消费者需求的升级和市场竞争的加剧，仅仅提供基本的服务已经不能满足消费者的需求，消费者更加注重个性化和差异化的服务，以及在消费过程中获得的情感体验和心理满足感，这直接导致了服务设计的兴起。

案例 亚朵酒店的服务创新

在服务业竞争日益激烈，同质化竞争也越来越严重的背景下，亚朵酒店在服务方面不断创新，通过提供个性化和定制化服务满足客户的需求，同时将中华千年来的文化底蕴融入其中，为顾客全方位打造中国传统文化体验。借助于这种注重用户体验的经营理念和独特的服务模式，亚朵酒店在激烈的市场竞争中脱颖而出，为顾客带来了别具一格的住宿体验。

在定制化、个性化的服务体验方面，亚朵关注每一位客户的需求，从预订、入住到离店，全程提供定制化服务。例如，客户可以在预订时选择自己偏好的房间类型、床型和房间布置风格，甚至可以选择房间内的图书和音乐。在入住期间，酒店员工会根据客户的需求提供定制化的服务，如安排专车接送、定制旅游路线等。

在文化体验方面，亚朵酒店在服务中融入中国文化，让客人在住宿的过程中感受到中国文化的独特魅力，增强客人的文化认同感和归属感。亚朵酒店的设计风格融入大量的中国文化元素，比如采用传统的中国建筑风格，使用中式装饰物件，以及在空间设计中融入中国传统文化元素，如中式园林、山水画等。同时，在酒店内设置茶室、书屋等文化空间，让客户在旅途中感受到中华文化的魅力。此外，酒店还会举办各种文化活动，如中国书法讲座、中国茶艺表演等，让客户在体验中国传统文化的同时，也增加了旅途的趣味性。

亚朵酒店正是通过以上这些个性化、定制化的服务创新，满足了客户的多元化需求，提升了客户的满意度和忠诚度。

二、服务与服务设计

人们对于物质产品的设计和生产已然非常熟悉了，因为从古至今人类一直从事着这项活动，它的历史几乎和人类社会发展的历史一样古老，各种设计和制造出来的产品，在推动人类的进化发展、提高生活质量方面发挥着至关重要的作用。但是一提到服务设计，大家可能会觉得陌生，几乎无法在头脑中形成完整的概念，其实对于生活在现代社会中的每一个人而言，我们无时无刻不被各种各样的服务所包围，这其中有很多服务可能是非常重要的，以至于离开这些服务我们的生活质量会受到严重影响，这说明服务在我们现代人的生活中具有重要的作用。

接下来就对服务与服务设计进行详细介绍。

(一) 服务的定义与类型

服务，是指为了满足某种需求或目的而提供的一系列活动或过程。服务涵盖了从经济交易到社会互助的各个方面，无论在哪个领域或角度下，服务的核心都是满足需求，创造价值，并促进各方的互利共赢。

服务包含的范围非常广泛，根据服务的不同特点可以从多个角度对服务的类型进行划分：根据服务者与被服务者的参与程度进行划分，可以将服务分为高接触性服务、中接触性服务和低接触性服务；根据服务组织的性质和服务目的进行划分，可以将服务划分为盈利性服务和非营利性服务，以及私人服务和公共服务；根据服务所凭借的工具和手段进行划分，可以将服务划分为以机器设备为基础的服务和以人为基础的服务；根据服务过程特点进行划分，可以将服务划分为有形服务和无形服务；根据服务方式和满足用户程度进行划分，可以将服务划分为标准化服务和个性化定制服务。

(二) 服务设计的提出

服务的价值在于执行，对服务价值形成产生影响的是服务的过程，以及过程中所涉及的各要素之间的关系。与产品中依赖于空间而存在的形态、材料、结构和色彩等诸要素一样，服务的过程涉及的是依赖于时间而存在的行为、动线、心理及情绪等要素，如何对这些要素进行规划和设计，形成对于用户而言更有价值的服务，这就不得不借助于专业人员的力量，采用科学、系统的办法和措施来达到，在这样的情况下就产生了服务设计这一新兴的设计门类。

行为经济学家丹尼尔·卡尼曼因其在行为经济学领域的杰出贡献而获得诺贝尔经济学奖，他的研究证实了"心理决定经济上的价值"的观点，这也证明了用户体验、服务设计和交互设计在当今商业环境中的重要地位。在工业时代，设计的主要目标是"制造物品"，而到了互联网时代，设计对象开始从"可见之物"向"不可见之物"转变，这一转变也标志了设计对象的演变。

苹果的服务设计思想

在苹果创始人乔布斯的视角中，服务设计蕴含着巨大的商业潜力。他曾指出："设计不仅仅是关于你所看到和感受到的，更是关于它是如何运作的。"这句话揭示了服务与生态思维在设计中正变得越来越重要。2001年，苹果公司推出了iPod，尽管市场上已存在多种MP3播放器，但鲜有人关注整个"音乐生态圈"的服务设计，盗版、粗糙音质和价格竞争成为那个时期MP3市场的三大问题。

乔布斯不仅着眼于iPod的精湛设计，更主要的是他对于整个音乐购买、播放及法律问题的简化方案。他以长远的眼光，通过与音乐版权协会和音乐制造商合作，确保了音乐的合法获取。这为用户提供了一个方便的音乐商店，让他们能够轻松找到心仪的音乐。此外，乔布斯借助iTunes音乐商店的数字版权管理系统，确保了音乐的正版和高质量，增强了用户的体验。iPod和iTunes音乐商店彻底改变了消费电子产品和音乐产业的游戏规则，它提供了一个全新的音乐销售途径和相应的商业模式，将iPod、版权保护技术及iTunes音乐商店相结合，这一商业模式重新定义了消费电子、唱片、计算机和零售商之间的关系。

通过利用iPod和苹果的iTunes网络音乐商店，苹果不仅实现了自身的复兴，也彻底颠覆了人们对传统产品销售型企业的认知。在互联网出现之前的时代，大部分企业都依赖产品取得市场地位，而服务体验仅被视为售后环节，并未得到高度重视。然而，随着互联网时代的到来和全球化的深入发展，全球经济格局正在发生快速变化。这种变化的核心在于，以生产者为中心的观点正在向以用户体验为中心的观点转变，体验经济时代已经正式来临。

第二节　服务创新设计的目标、原则与方法

一、服务创新设计的目标

服务创新设计的目标，是通过对服务过程中各要素进行系统设计，从而更好地满足用户的需求和期望，为用户创造更好的体验和价值。

服务设计目标是否被达成，衡量的核心指标就是用户的需求和期望是否已经被满足，用户在接受服务的过程中感受如何，所提供的服务是否为用户自己想要的甚至是喜欢的。

对于服务创新设计的目标可以进一步划分为4个层级：①零缺陷、无差错；②标准化、高效率；③差异化；④体验感。这4个层级目标的关系正好构成一个金字塔模型，如图6-1所示。从层级一到层级二，逐级到达最高层级，进而

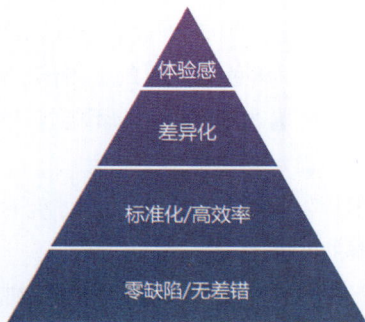

图6-1　服务创新设计目标层级图

实现服务创新设计的最高理想目标。

在服务设计的这4个目标层级中，前两项目标属于服务价值的基础部分，这两项目标的保障和实现属于"质量管理"的范畴，而后两项目标即"差异化"和"体验感"属于服务价值的增值部分，也是我们进行服务创新设计所要达成的核心目标。

二、服务创新设计的原则

服务创新设计和产品创新设计一样，都应遵循一定的原则。在《服务设计思维：基本知识——方法与工具——案例》一书中，给出了服务创新设计的5个基本原则，具体内容如下：

(1) 以用户为中心的，服务应该通过顾客的视角来体验；

(2) 共同创造的，所有利益相关者都应该被考虑到服务设计流程中；

(3) 有次序的，服务应该被可视化成一系列相互关联的行为；

(4) 有证据的，无形的服务应该以物理制品的形式可视化；

(5) 整体的，服务的整个环境都应该被考虑。

在以上所有原则中，最重要的是："以用户为中心"，即用户至上。

三、服务创新设计的方法

(一) 用户画像

用户画像(Persona)也称为人物角色分析，它是在产品设计或服务设计中开展用户研究的有效工具之一，需要专业人员在进行大量调研和数据分析的基础上，抽取出不同目标用户的典型特征加以凝练、概括和抽象，赋予其年龄、性别、职业、兴趣等要素，最终形成虚拟的人物角色，即用户画像，如图6-2所示。

用户画像的本质是建立典型的用户需求模型，为产品或服务的创新设计提供重要参考，是贯彻以用户为中心设计理念的关键环节。在进行服务设计时，建立用户画像的目的就是将用户人群进行分类并"投其所好"，只有这样才能做到个性化甚至是定制化服务，从而有针对性地解决用户痛点问题，提升用户满意度，甚至为用户创造更愉快、难忘的消费体验。

在进行用户画像时，大家需要注意的问题如下。

(1) 角色是虚拟的，但信息是真实的。用户画像要在充分调研和准确分析的基础上进行，要尽可能准确客观，设计师不能掺杂个人的喜好，更不能用假设或是想象凭空确定用户画像的特征点。

(2) 对用户进行画像前，首先要将用户放入具体场景中进行。场景即"舞台"，只有结合着用户生活场景这一舞台，才能对用户的行为、动机做出准确的分析和判断，发掘出某一类用户人群的共性特征。

(3) 用户画像不能面面俱到，要对用户信息进行概括、提炼，提取对产品开发或服务设计具有参考价值的特征赋予目标角色。

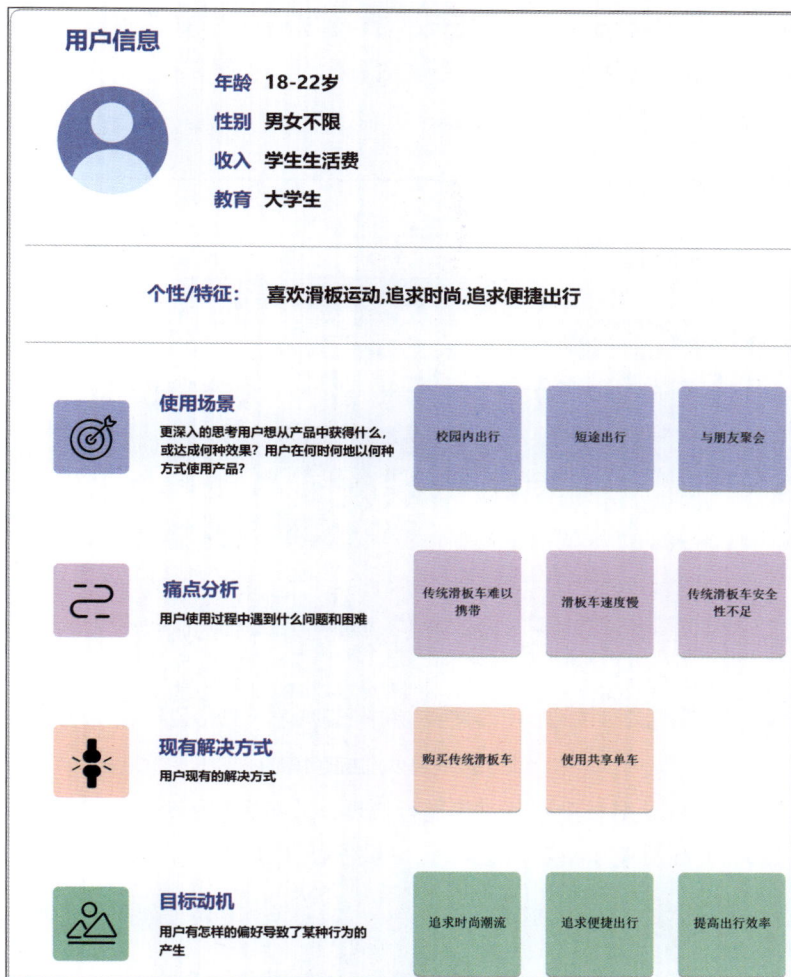

用户信息

年龄 18-22岁
性别 男女不限
收入 学生生活费
教育 大学生

个性/特征： 喜欢滑板运动,追求时尚,追求便捷出行

使用场景
更深入的思考用户想从产品中获得什么,或达成何种效果? 用户在何时何地以何种方式使用产品?

校园内出行　短途出行　与朋友聚会

痛点分析
用户使用过程中遇到什么问题和困难

传统滑板车难以携带　滑板车速度慢　传统滑板车安全性不足

现有解决方式
用户现有的解决方式

购买传统滑板车　使用共享单车

目标动机
用户有怎样的偏好导致了某种行为的产生

追求时尚潮流　追求便捷出行　提高出行效率

图6-2　校园滑板车用户画像

(二) 服务蓝图

服务蓝图(Service Blueprint)是由美国金融家林恩·肖斯塔克在20世纪80年代发明，现在已经成为实现整个服务过程可视化和流程化的重要工具。下面通过一个形象的比喻对服务蓝图进行说明。

在现实中，尽管有的服务过程看起来简单，有的看起来复杂，但所有的服务都是在一定的"场景"下进行的，我们可以把这个场景想象成一个舞台，把服务的过程看作是一场演出，这样整个舞台就被划分为"前台""后台"和"幕后"三个不同的"场"。其中，前台是能够为用户所看到并且直接与用户发生关系的一个"场"，我们将其称作"执行场"；后台虽然不能够为用户所看到，但对于前台的各种环境和条件起着控制和保障的作用，我们称其为"控制场"；幕后对于整个演出具有决定性的作用，我们将其称为"决策场"。以上我们通过舞台演出的比喻及三个不同"场"的概念对服务发生的过程进行了描述，但这仅仅是一个粗略的介绍。那么，用户在前台是如何与相关的人员与物品接触的？前台、后台和幕后三方是如何协调配合的？要想弄清楚这些问题，我们需要绘制一张能够反映整个服务过程，以及各服务相关方相互关系的流程图，这个流程图就是服务蓝图，如图6-3所示。

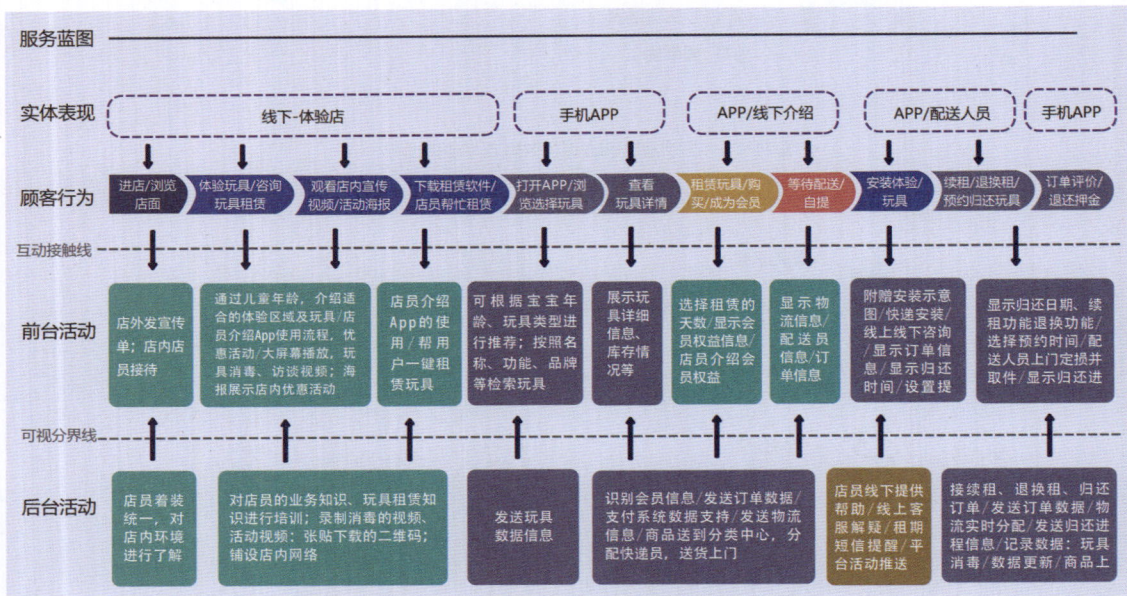

图6-3　玩具体验店服务蓝图

绘制服务蓝图的目的是对整个服务过程进行梳理，并对影响服务的各要素之间的关系进行系统设计，从而保障服务高质量和高效率地运行，最终满足用户的需求和期望。

(三) 用户体验地图

用户体验地图又称为顾客旅程地图，它以服务双方在服务过程中一系列的连接点(服务触点)为线索，对用户的行为、情绪和心理展开系统化研究，并将其结果以视觉化的方式呈现出来，以此作为改进服务和创造用户美好体验的依据，如图6-4所示。

在制作用户体验地图时，需要注意如下几个关键点。

(1) 认识用户体验地图的目的。如果说用户服务蓝图是解决问题的过程，那么用户体验地图就是发现问题的过程。进行用户体验地图分析的目的是发现问题，识别服务改进和创新机会。

(2) 始终坚持用户视角。用户体验地图是从用户的视角出发，考察服务过程中各触点对用户行为、心理和情绪的影响，并做出相应的评价。

(3) 全面认识和把握"服务触点"。服务触点是服务方与用户之间行为的连接点，也是决定用户体验的关键点，因此在分析用户体验地图时要紧紧围绕服务触点展开。服务触点通常可以分为环境触点、人际触点、实物触点、数字触点几大类。

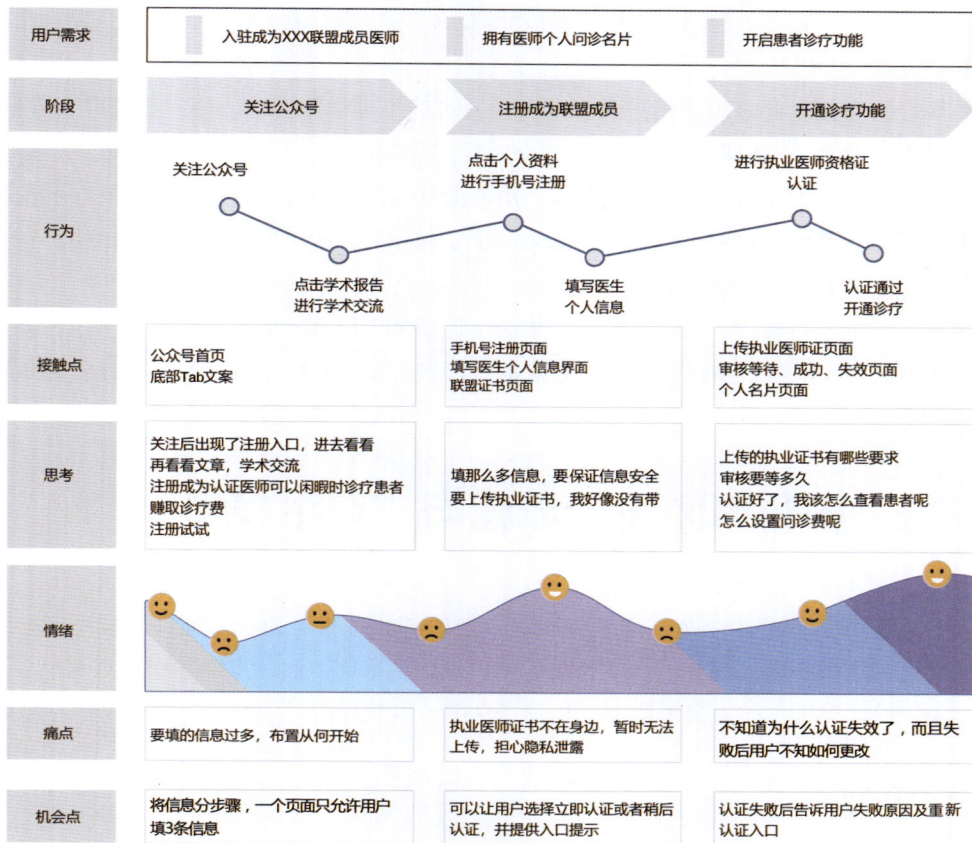

用户需求	入驻成为XXX联盟成员医师	拥有医师个人问诊名片	开启患者诊疗功能

阶段：关注公众号 → 注册成为联盟成员 → 开通诊疗功能

行为

关注公众号 / 点击学术报告进行学术交流；点击个人资料进行手机号注册 / 填写医生个人信息；进行执业医师资格证认证 / 认证通过开通诊疗

接触点

公众号首页 底部Tab文案

手机号注册页面 填写医生个人信息界面 联盟证书页面

上传执业医师证页面 审核等待、成功、失效页面 个人名片页面

思考

关注后出现了注册入口，进去看看 再看看文章，学术交流 注册成为认证医师可以闲暇时诊疗患者 赚取诊疗费 注册试试

填那么多信息，要保证信息安全 要上传执业证书，我好像没有带

上传的执业证书有哪些要求 审核要等多久 认证好了，我该怎么查看患者呢 怎么设置问诊费呢

情绪

痛点

要填的信息过多，布置从何开始

执业医师证书不在身边，暂时无法上传，担心隐私泄露

不知道为什么认证失效了，而且失败后用户不知如何更改

机会点

将信息分步骤，一个页面只允许用户填3条信息

可以让用户选择立即认证或者稍后认证，并提供入口提示

认证失败后告诉用户失败原因及重新认证入口

图6-4　诊疗平台系统用户体验地图

(四) 卡诺模型

服务创新的目的是提升服务价值，为用户创造更完美的体验，那我们怎样才能确保我们所做的服务创新对于用户来讲是有价值的，是用户所期望的，这就需要设计师坚持"以用户为中心"理念，将用户需求作为关注点，对用户的需求进行全面分析并形成服务关键特性矩阵，以此作为服务创新的目标方向。

我们可以借助卡诺(KANO)模型工具，来帮助我们完成用户需求分析的工作。利用卡诺模型工具可以对用户的需求进行分类及优先度排序，将产品性能和用户满意度之间的关系以一种直观、可视的形式进行呈现，进而为分析需求对用户满意度的影响提供方便。

在卡诺模型中，将产品和服务的质量特性分为必备属性、期望属性、魅力属性和无差异属性四种类型，如图6-5所示。

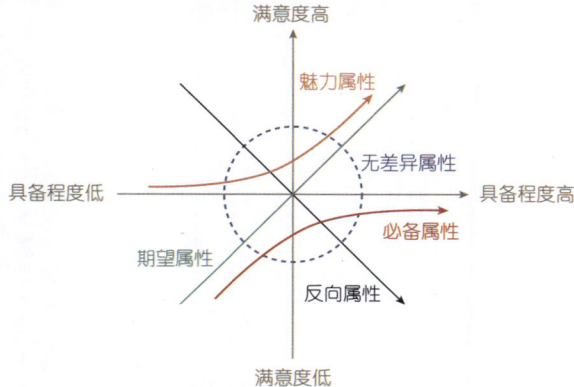

图6-5　卡诺模型图

魅力属性：用户意想不到的，如果不提供此需求，用户满意度不会降低；但当提供此需求，用户满意度会有很大提升。

期望属性：当提供此需求，用户满意度会提升；当不提供此需求，用户满意度会降低。

必备属性：当优化此需求，用户满意度不会提升；当不提供此需求，用户满意度会大幅降低。

无差异属性：无论提供或不提供此需求，用户满意度都不会发生改变，用户根本不在意。

在卡诺模型问卷中，对每个质量特性都采用了正向和负向两个问题，分别测试用户在面对存在或不存在某项质量特性时的反应。

通过卡诺需求分析模型，我们了解到需求的不同类型，以及不同类型对客户价值的差异，服务创新主要聚焦期望型需求和魅力型需求的满足，只有这样才能发挥出服务创新的最大价值。

第三节 服务创新设计流程与"双钻模型"

服务创新设计的流程是一个从问题开始并不断求解的过程，为了保证这个过程能够顺利进行，需要设计师遵循一定的流程。通常，服务创新设计会采用"设计思维"和"双钻模型"等方法流程，关于设计思维在前面第四章中已经做了介绍，本节我们对"双钻"模型进行专门讲解。

一、关于双钻模型

双钻模型(Double Diamond)是英国设计协会基于对全球多家著名企业设计案例研究的基础上，于2005年提出的，是一种能够帮助设计师创造性地解决问题的流程化方法，在服务设计领域应用广泛。双钻模型是一个结构化的设计流程，将整个设计思考过程分为2个阶段和4个步骤，并以视觉化的方式呈现出来。通过双钻模型流程图我们可以直观地看到：面向问题解决的设计思考过程并非从开始到结束始终按照一个简单的线性关系向下进行，而是先后经历了发散—聚敛—再发现—再聚敛的过程，每一次从发散到聚敛的过程轨迹恰好是一个钻石的形状，两个过程轨迹就自然形成了"双钻模型"结构，如图6-6所示。

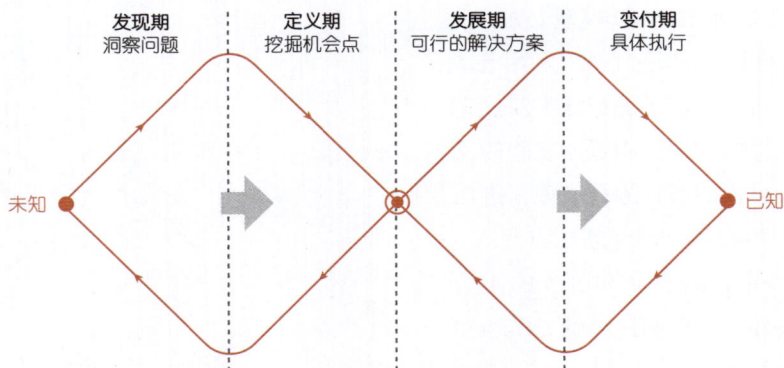

图6-6 双钻模型流程图

双钻模型揭示了面向问题解决的设计思考过程的内在规律，为设计师从分析问题到解决问题提供了清晰的路径，因此具有很强的实际应用价值。

(1) 设计过程结构化。双钻模型将整个设计过程分解为2个阶段4个步骤，使设计创新过程由原来的"混沌"状态变得有迹可循，精确可控。

(2) 专注任务目标。双钻模型帮助设计师专注于每一阶段任务目标的实现，把事情做深、做透，避免设计过程中不必要的迂回和反复。

(3) 创新过程标准化。双钻模型设计方法的提出有助于设计创新过程的标准化和流程化，这无论是对于整个设计行业之间的交流，还是企业内部设计师之间的沟通、协作都提供了很大方便。

为了让模型具有更强的可操作性，2016年设计师丹·奈斯勒对双钻模型进行了升级，对流程中的每一步都做了更为细致的指示和引导，如图6-7所示。

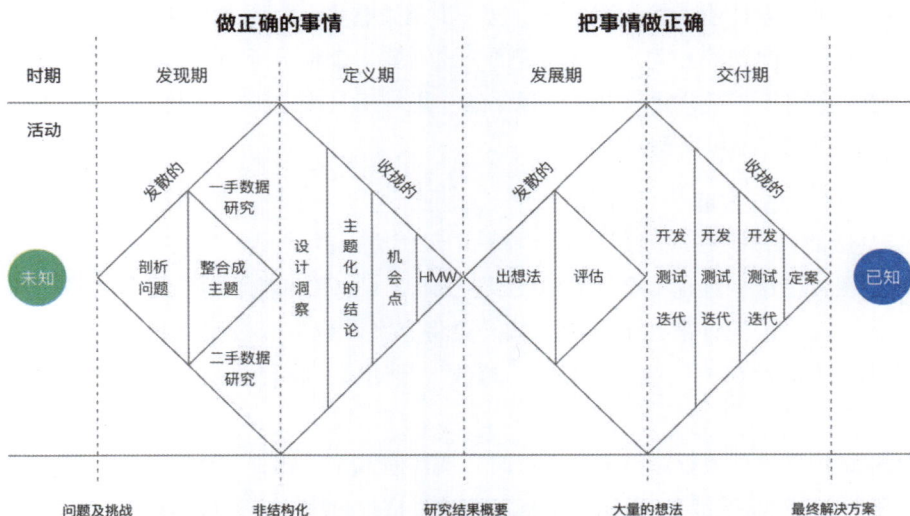

图6-7　改进的双钻模型流程图

二、双钻模型设计流程

双钻模型的设计流程共分为2个阶段，4个步骤，具体流程如下。

第一阶段：研究/探索阶段

研究/探索阶段的整体目标任务是挖掘问题，识别创新机会。这一阶段的主要工作是收集和整理问题，并对问题做出分析，然后结合用户需求及其他因素确立设计的目标方向。

第一步：探索和调研

任何一个创新过程都是从发现问题和研究问题开始的，这一步的主要任务是广泛收集问题，其关键是要展开广泛深入的设计调研，通过问卷调查、实地走访、观察日记、视频拍摄、场景故事等多种手段，对项目所涉及的要素进行信息收集，为下一步的研究提供材料。

第二步：定义问题

对调研所收集到的全部信息进行综合研究，最终确立设计创新的目标方向，将设计问题转换为设计概念。在进行设计调研的过程中，我们会收集到许多信息，发现很多问题，同时也会了解到很多的用户需求，此时我们需要进行逻辑性的分析和思考，透过现象挖掘事物的本质，要在众多的信息中找到对问题解决最有价值的信息和线索，将主要矛盾列为设计要解决的目标和方向。

第二阶段：解决/执行阶段

解决/执行阶段的重点任务是在上一阶段问题研究的基础上，针对所形成的设计概念进行方案设计，使创意构思可视化、原型化，通过对方案进行测试、评估，确定完成最终方案。

第三步：发展/构思方案

针对要解决的问题产生大量初期方案，这一步至关重要，因为虽然要解决的问题和设计概念被确定下来，但解决问题的方案并不是确定的，这需要一个很艰辛的创意构思过程，也是作为设计师的工作核心。这一步通常要借助头脑风暴这一思维工具来进行思维发散，从而产生更多对问题解决有价值的初期方案供后期选择。

第四步：交付/执行方案

这一步要做的工作是在众多方案中选择一个最优方案并继续向下执行。所以，这一阶段是一个聚合的过程，在这一过程中会用到SET因素分析、COCD四象限分析等各种方案评估工具，选出最优"解"。当最优方案被确定后，就需要将方案做成可以被测试和验证的原型供用户使用，并进行设计上的反馈，经过几轮测试、修改、再测试、再修改的迭代，直至产品或服务达到既定的标准和要求。

在应用双钻模型设计流程进行创新设计时，要注意几个问题：①双钻模型只是对设计思考的过程做了一般性的描述和规定，而在一个真实的项目设计过程中，问题可能要复杂得多；②双钻模型的几个阶段和步骤并非处于一种"均衡状态"，有时设计团队会在某一个阶段、某一个步骤中的某一个方面花费大量的时间和精力，甚至止步不前的情况也是常见的；③设计的过程可能要经过多次反复折返方能达到最终效果，设计团队在进行设计时也并非严格按照双钻模型中所规定的步骤进行每一次折返；④双钻模型中具体、精细的步骤并非是一成不变的，使用者可以根据实际项目开展的需要灵活调整和随机增减。

思考练习题

1. 请阐述服务蓝图和用户体验地图在服务设计中的作用。

2. 请针对某一服务进行评价，指出现存问题，并结合"以用户为中心"原则，对该服务进行创新设计。

第七章
从服务创新到商业模式创新

对于服务设计而言，因为服务的价值并不取决于服务本身，而是来自于执行。那么，如何保证一个好的服务设计能够被完美落地、有效地执行，让服务价值最终得以实现呢？这一切都离不开商业上的支持，或者说需要一个与服务设计相适应的商业模式作为支撑。

第一节 初识商业模式

一、商业模式概念

商业模式，是指企业价值创造的基本逻辑，其核心的内容是为实现客户价值最大化，本质是创造、传递、获取价值。

判断一个商业模式的好坏，必须回答以下三个基本问题：企业的顾客在哪里？企业能为顾客提供怎样的、独特的价值和服务？企业如何以合理的价格为顾客提供这些价值，并从中获得合理的利润？

在亚历山大·奥斯特瓦德等人编写的《商业模式新生代》一书中，对商业模式进行了如下定义："商业模式描述了企业如何创造价值、传递价值和获取价值的基本原理，商业模式的重点是可持续的盈利模式。"从定位到价值的实现，商业模式与服务设计是不可分割的，一个好的服务设计背后必定有好的商业模式对其进行支撑，而一个成功的商业模式背后也必定需要一个优秀的服务体系，二者相辅相成。

二、商业模式的构成及商业画布

商业模式是一个由多要素组成的复杂系统，系统要素之间又通过一定的关系维系和连接，共同为企业价值的创造、传递和获取服务。

一个完整的商业模式包含以下几个模块：①客户细分；②价值主张；③渠道通路；④客户关系；⑤收入来源；⑥核心资源；⑦关键业务；⑧重要合作；⑨成本结构。在以上9个模块中，处于核心位置的是"价值主张"模块，它所描述的是与客户利益最为相关的部分，即满足客户哪些需求，提供哪些产品和服务，是整个商业模式构建的基础，其他模块都是围绕价值主张的实现而进行布局的。价值主张的确立要建立在对企业客户需求深刻洞察的基础之上，因为商业模式创新的核心就是解决用户需求、帮助其实现价值增值，只有精准地满足了这些需求，企业才能实现自身的价值。

为了对商业模式及其各模块之间的关系有更直观的认识，我们可以借助"商业模式画布""精益画布"等工具。

商业模式画布是一种用于梳理商业模式的思维方法和工具，将构成商业模式的9个模块陈列在一张纸上，从而实现了商业模式思考过程和结果的可视化，各构造模块之间的关系变得一目了然，便于我们从整体和局部不同角度对商业模式进行理解和把握。

"精益画布"是在"商业模式画布"的基础上进行改良，得到的一种更为聚焦、迭代迅速且适应市场变化的工具。精益画布更适合作为创业初期团队梳理思路的工具，如图7-1所示，它清晰呈现了"体验书店"的核心商业模式要素。

图7-1　体验书店的精益画布

三、商业模式类型

(一) 分拆商业模式

商业咨询顾问约翰·哈格尔和马克·辛格经过研究，提出了"非绑定式公司"的理念，他们认为企业活动可以划分为三种主要类型：客户关系型、产品创新型和基础设施型。这三种类型的活动受到不同驱动因素的影响，并且在经济规则、竞争规则和文化规则这三个关键方面展现出独有的特性。新产品开发活动的核心在于创造新颖且富有吸引力的产品和服务；客户关系管理活动则致力于深化与客户的关系，积极寻找并建立与客户的稳固纽带；而基础设施管理活动，则专注于构建和管理能够高效处理大量重复业务的运营平台。

为了防止潜在的冲突并降低负面影响，企业应明确区分这三种活动，并选择专注于其中一种类型作为其核心业务。以瑞士私人银行保曼银行为例，它们选择剥离交易平台业务，专注于客户关系管理，为客户提供卓越的咨询服务。这种策略性的业务聚焦有助于企业充分发挥其核心优势、提升竞争力，并实现可持续发展。

(二) 长尾商业模式

"长尾"这一概念最早由美国经济学家克里斯·安德森提出，用以描述在产品销售方面的改变：从单一的明星产品向多样化的小众产品转变，从而实现盈利。以全球网络交易平台eBay为例，它完美地实践了这一商业模式。

长尾商业模式的核心优势，在于充分运用平台资源，广泛提供非热门产品，从庞大的品类中获取微小收益。然而，这些微小收益汇聚起来，其总量可与销售热门产品相媲美，甚至超越。长尾商业模式的诞生与存续，依赖于三大要素：首先，生产成本和技术门槛的降低；其次，互联网销售渠道的兴起；最后，供需双方连接成本的降低。

(三) 多边平台商业模式

多边平台，也称为多边市场，在瑞士商业模式设计顾问亚历山大·奥斯特瓦德等人的著作《商业模式新生代》中为多边平台赋予了精确的定义："多边平台将两个或更多的独立而又相互依存的客户群体紧密连接。这类平台对某一客户群体的独特价值，恰恰在于其他客户群体的存在。平台的核心在于促进不同群体间的互动，从而创造出无可替代的价值。"以全球知名的搜索引擎公司谷歌为例，它正是凭借多边平台商业模式实现了盈利。谷歌首先为上网用户提供免费服务，并为平台内容提供者提供补贴，成功吸引了大量用户，随后通过与广告商的合作实现了利润转化。

多边平台商业模式不仅显著提升了平台的吸引力，更为各方参与者带来了前所未有的商业机会和价值。

(四) 免费商业模式

免费商业模式是指商家向用户提供产品或服务，但并不直接向用户收取费用的商业策略。然而，这种免费并不是没有任何边界和条件的，因为商家的主要目标是实现商业利润。在免费商业模式中，商家通常会针对多边商业模式中的特定细分群体提供免费服务，或者在提供不同层次的产品或服务时，选择对某一层次(通常是基础层次)实行免费。这样，为部分顾客提供的免费服务所减少的利润，能够通过其他付费客户群体的消费得到补充，或者在后续阶段通过顾客的付费购买得到补偿。

举例来说，一些报纸和杂志采用免费模式，为用户提供阅读服务，并通过向广告商收取广告费用来实现盈利；软件开发公司也可能选择将软件的基本功能模块免费提供给用户，而将高级功能模块设定为付费使用；有些公司则选择在初期为用户提供免费试用，试用期结束后，用户如想继续使用则需要付费。这些实例都是免费商业模式在不同领域的具体应用，它们通过独特的商业模式和创新策略，实现了商业利润的最大化。

(五) 开放式商业模式

开放式商业模式是由美国哈佛商学院教授亨利·切萨布鲁夫提出的，除此之外，他还提出了

"开放式的创新"这一概念。开放式商业模式是指企业将自身资源(技术、资产、平台等)向外界开放，或将外部有用资源引入内部，从而创造并获取商业价值的模式。比如，宝洁公司通过"技术创业家""互联网平台"和"退休专家"三种形式加大开放企业，整合企业内部与外部资源，提高企业研发能力和研发效率，保持企业的创新活力。

第二节　商业模式创新

一、商业模式创新概述

(一) 商业模式创新的意义

互联网的出现和普及将人类社会带入了数字经济时代，互联网对传统的商业模式产生了巨大的冲击甚至是颠覆性的影响。随着一些新兴产业和经济实体的诞生，商业环境和市场规则被不断地重新定义和改写，特别是当看到诸如阿里巴巴、京东等基于互联网的新型企业获得了巨大成功后，人们愈加认识到，在以信息技术为特征的数字经济时代，产品和技术已不再是决定企业能否胜出的唯一关键因素，好的商业模式对企业生存和发展同样重要。

现实中我们也会看到一些产品和技术都很好的企业因为缺乏好的商业模式而倒闭，还有一些企业在产品和技术方面并非占据绝对的优势，但是凭借着好的商业模式在激烈的竞争中屡屡胜出。因此，商业模式创新在今天受到前所未有的重视，甚至被置于企业的战略核心位置，认为商业模式的不断创新才是保证一个企业具有持续竞争力的关键。

那究竟什么是商业模式创新呢？通常认为商业模式创新是改变企业价值创造的基本逻辑，以提升顾客价值和企业竞争力的活动。它既可能包括多个商业模式构成要素的变化，也可能包括要素间关系或者动力机制的变化，如客户细分、关键业务、渠道通路、客户关系等多个模块及模块间关系的变化。

(二) 商业模式创新的特点

1. 战略性

商业模式创新是改变企业价值创造的基本逻辑，是实现企业价值主张并保持持续盈利的基础，一个好的商业模式能给企业带来战略性的竞争优势。因此，商业模式创新在企业中居于战略性的位置。

2. 全局性

商业模式创新大多数情况下涉及多个构成要素，以及多组相互关系的变化，因此需要企业内部多个部门的参与和协同，对相关要素资源重新进行调整和组合。所以说，商业模式创新是一种整合式创新，跟传统的产品创新、技术创新有所不同，它具有全局性的特点，当然这种事关全局的创新可以为企业带来更为持久的竞争优势。

(三) 商业模式创新的原则

为了保证商业创新取得成功，达到预期的目的，我们在进行商业模式创新时需要坚持一个非常重要的原则，即商业模式创新必须以客户需求为关注点，以实现客户价值增加为目标，这是因为，只有当客户价值得以完美实现，企业才能真正获得经济回报。因此，企业创造价值的过程并不仅仅是商业逻辑创新的过程，更是对商业模式创新的一种直接驱动和实现。

二、如何构建新的商业模式

(一) 商业模式创新的影响因素

世界上一切事物都处于变化之中，商业模式也并非是一成不变的，没有哪一种商业模式可以做到让企业永远盈利。在瞬息万变的商业竞争环境中，企业要想保持自己的竞争优势，需要不定期地对自己的商业模式进行诊断和评估，并能够审时度势，根据内部及外界的变化对商业模式进行适时的调整，从而让自己具有持续创造价值的能力。

那么，有哪些方面的因素会对商业模式创新产生影响呢？或者说当我们在对自己的商业模式进行评估时，需要考虑的因素都有哪些呢？一般而言，我们需要重点关注以下几个方面的变化：

(1) 企业未来发展趋势；

(2) 宏观经济背景；

(3) 市场需求情况；

(4) 竞争环境变化。

(二) 商业模式构建新思维

互联网时代的到来，让很多企业都意识到商业模式创新的重要性，也看到了互联网技术在商业模式创新中所发挥的重要作用，纷纷开辟了网店、微信小程序、移动端App等路径与互联网进行连接，将业务迁移到线上。但真正的商业模式创新，其价值核心永远不只是停留在技术层面，"新瓶装旧酒"式的创新更不能从根本上解决传统业态问题，商业模式创新需要我们具备新的思维，需要在融入互联网思维的基础上，对旧的工业时代的商业模式进行改革，重新挖掘新的价值机会，并实现整个体系的构建，围绕互联网融合和大数据应用，打造竞争力群组，构建可循环的生态系统，追求最大价值的实现。

商业模式创新，可以是开创一个新的领域，提供全新的产品或服务，也可以是在保持原有产品和服务的基础上，对细分客户、渠道通路等要素及其关系进行改变或重构。

1. 共享思维

随着社交网络和移动平台技术的发展，让同一物品在不同用户之间进行供需匹配成为可能，由此产生了一种新的商业模式——共享模式。共享模式使得现有资源实现了效益最大化，因此具有十分巨大的市场潜力。

案例　Myfarm共享农场

　　21世纪，日本早已进入工业社会，虽然国家也重视农业和农民，但受工业化、城市化的影响，务农人口不断减少。农业用地弃耕成为日本农业发展中长期存在的问题，仅2015年，日本全国弃耕农田就有42万公顷之多。在人口减少和人口老龄化加剧的社会背景下，农业种植效率和农业劳动力持续下滑，国家和企业都在研究如何提高农作物的产量，但很少有人提出增加从农人数的观点。与此同时，不少的都市人喜爱上"务农"，但想租用闲置农地并不是一个简单的事情，在日本个人可以向政府申请承租农业用地，两年使用期限后，用地将被重新分配。这种承租方式不仅手续烦琐，而且连续性差。在此背景下，Myfarm共享农场应运而生，如图7-2所示。

　　Myfarm的创始人兼CEO西辻一真生长在城市中，因为5岁时他第一次体验种萝卜、收获萝卜，从此爱上了种菜和从事农活，在学生时代他就开始研究与探

图7-2　Myfarm共享农场

索各种农作物。怀揣着对农业的美好梦想，他考取了京都大学的大豆专业，走上了农业之路。从一个爱好者到专业学者，他一直在思考一个问题：为什么农业这么辛苦却挣不到钱？为什么很多人不愿意做农业？即使现在的农民也对农业失去信心？怎样才能让耕种务农变成一件快乐与享受的事情？如何连接农业与人？如何让更多的人加入农业？大学四年级时西辻产生了一个想法：修复废弃地，让废弃地再生，将废弃地改造成体验农园出租。大学毕业后他在一家IT公司工作了几年，2007年西辻一真开始行动，创立Myfarm，主旨是把农业做成一件人人喜欢的事情，让农业变得"好玩"，希望更多人快乐地参与、从事农业，让更多城市人回到农村与自然中。他所创立的共享体验农园，要让更多人过上自己种自己吃的"自产自消"的生活。

　　"共享式"的体验农场，充分对接市场供需两端，打造都市人的蔬果地。日本城市周边的农业用地税赋较高，很多农民参与农业生产的积极性很低，再加上老龄化严重，大量耕地被闲置。前面说过，在日本，个人可以向政府申请承租农业用地，但两年使用期限后，用地将被重新分配。Myfarm的优势是农业用地被统一收集和管理，用户只需缴纳租金就能长期承租。Myfarm首先做的，是把农民手里的闲置农地租过来，工作人员遍访散落在日本全国的农业荒地，将合适的农地收集，交由经验丰富的农业专家重新翻耕整备，再把具备耕种条件的农地租给客户。为方便用户出行，体验农场大多位于市区半小时交通圈内，项目官网上展示了农园在全国的分布以及具体位置，还包括农园设施、周边交通条件等信息。体验农园被划分成15m²(3m*5m)左右的标准租

赁单元，租赁价格约为6480日元(约人民币400元)每月，第二年续租还可以获得较大程度的优惠。不同地块的租赁价格因面积、设施、区域等因素而有所差异，地块面积的多样性可以适应用户的多样化需求，种植新手可以选择面积较小的(6㎡)农园悉心照料，而对于创新农业大学的学生来说，则可以租赁更大面积(50㎡)进行研发和耕种。

公司还拥有自己的农场产品直营店，可以回购会员们的产品，但基本没有会员将产品卖给公司，通常全部产品会被会员自己的家庭消化，即使自己吃不了也会成为送给亲朋好友的礼物，这也为大家提供了一种特殊的社会交往空间。

小农园的模式创新不仅解决了大量的闲置农地，也解决了农地的土地增值。在日本1000平方米的农地，如果用于水稻种植收益是10万日元，用于蔬菜种植收益是30万日元，而"共享"小农园的收益是300万日元！

都市人普遍缺乏农业知识，租地后不知道该怎么种？"小农园"项目首先需要对这些"客户"进行种植知识及技能的普及。Myfarm与一般的体验农园的不同之处在于：全部进行无农药有机栽培，并且有专家进行技术指导。公司每周会派遣农业专业人员在小农园进行现场指导。在Myfarm的共享体验农园，消费者和参观者会看到这样一幅场景：年轻的父母带着孩子们到农园里种菜、摘菜，在农地里支起帐篷，聊天，在移动的料理车里做美味的料理……My Farm的员工和专家们则会在农园为大家进行农业技术指导，开展各种农业相关活动，让人们充分感受农业带来的乐趣。为了增加项目黏性，每个月公司还会向租地客户邮寄新品种蔬菜种子和各种主题活动的资讯，吸引客户来小农园参与。除了传统的农业种植，体验农场还举办丰富多样的主题活动，以农业活动带动都市人新型的社交方式，打造基于农业的社交网络。

尽管创业之初屡受挫折，但西辻一直没有放弃自己的初心，相信儿时与土地亲近的人，长大后肯定也会回归到田园之中，并且通过坚持、学习和改进，把挫折化作前进的动力。Myfarm成立十余年来，已经在日本全国开设了110家体验农场，拥有会员1万多人，续租率达到70%以上，并获得了软银的投资。

Myfarm还在都市田园农业基础上延伸出3大业务：农业专门学校、农产品直营、农田土地租赁平台。目前它拥有日本历史最悠久、数量最多的共享体验农园(110个)，拥有毕业生最多的民办农业培训学校(1500名)，获得日本总务省2016年度家乡建设大赏优秀奖。凭借专业的行业技术和领先的商业理念，Myfarm不仅逐步成长为日本农业界的领先企业，更为越来越多的日本各大企业及地方政府提供"+农业"服务。

2. 跨界思维

跨界思维是一种新型的策划理念与思维模式，其通过嫁接其他行业的价值对企业进行创新改造，制定出全新的企业和品牌发展战略，让原本毫无关系甚至相互矛盾的行业相互渗透、相互融合，从而在融合的过程中碰撞出新的火花，实现共同赢利。

我们知道，在进入互联网时代之前，传统企业牢牢控制着市场，然而移动互联网的发展使跨界成为一种新的潮流。为什么变化会如此之快呢？因为进入互联网时代之后，移动互联网技术的发展使得一切基于信息不对称的中间环节被取代，更加高效的模式应运而生，颠覆传统企业的跨界商业模式便诞生了。事实上，跨界之所以能够实现，其本质在于消除了信息的不对称，使得更加高效的商业模式浮出水面，同时颠覆传统企业的销售模式。

对于一个企业而言，跨界既可以是在产品或业务上跨行业、跨领域发展，比如中石化、李宁、苹果，通过对资源链进行整合，打造新的价值增长点，也可以是在营销方面与来自非本行业领域的企业寻求合作，实现共赢。

案例 **金典有机奶×卢浮宫，奶盒上的艺术展**

金典娟姗奶产自娟姗牛品种，这种奶牛来自英国东南端海上的古老小岛娟姗岛，由于拥有尊贵且古老的"皇室"背景、封闭且纯粹的繁育方式，再加上本就产量较低的品种属性，使娟姗牛成为世界上最珍贵的奶牛。娟姗牛的乳质浓厚，优质乳蛋白含量高达3.5%，但娟姗牛的产奶量相对稀少，相比普通的荷斯坦奶牛，其产奶量要少30%。

目前，市面上的娟姗牛奶品类较少，普通消费者对高端牛奶的认知较为模糊，并不清楚奶牛品种的差异会直接影响牛奶的营养成分及口感。因此，消费者对娟姗奶的价值感和珍稀感认知度较低，很难了解到其独特的价值。

金典与卢浮宫联名合作，在瓶身包装中融入卢浮宫的艺术元素，用卢浮宫极具辨识度的玻璃金字塔设计了限量礼盒，如图7-3所示。这款联名限量装，从产品包装到艺术品二次盖，都获得了卢浮宫经典藏品的正式授权。它不仅将"艺术品融入包装"，还将二次盖变成可以带回家的"藏品"。二次盖的艺术形象满足了消费者对文化艺术的追求，而其盲盒属性更增添了神秘感，激发了消费者收集的好奇心。消费者在享受趣味的同时，能够主动获取知识，了解娟姗奶的珍贵与稀缺之处，这不仅有助于促进短期销售，长期来看也是为品牌内涵增值的有益之举。这一系列营销动作使产品、IP和营销平台高度契合，逐步拉近了产品与受众的距离。

图7-3 金典娟姗奶卢浮宫主题包装

3. 众包思维

众包模式是指一个公司或机构把过去由员工执行的工作任务，以自由自愿的形式外转，交给外部的大众群体来完成，企业只需要为贡献者支付少量报酬，而有时这种贡献甚至完全免费。

众包思维的诞生离不开互联网技术的发展，互联网打破了人与人之间的地域与时间上的限制，使不在同一时空地域下的人也可以按照既定的目标任务进行远程协作，将原本只是一个个独立存在的个体链接起来，形成一个强大的创新团队。由于基于众包模式的创新相对于传统的外包模式而言更具开放性，可以汇集更广泛的资源投入到一个项目当中，因此具有更加高效的特点。

案例 **薯片上印制图案**

在2004年的一天，宝洁公司内部正在为新品客薯片的上市进行头脑风暴，几个年轻人提出了在薯片上印制图案以增加卖点的想法。虽然这个想法得到了几乎所有人的认同，但实施起来却并非易事，没有人能够提供在薯片上印制图案的方法，这使得整个项目陷入了困境，也难倒了宝洁公司9000人的研发队伍和创新猎头。

但是，宝洁公司的研发团队并没有放弃，他们开始尝试向"外部"寻求帮助。20世纪末，网络上出现了一种类似于"创意集市"的网站，它们成立的目的是"让渴望创新的公司能够接触到这个星球上的创意、发明以及知识"，从事的工作是"为问题寻找答案和为答案寻找问题"。宝洁公司找到了其中一个叫作InnoCentive的网站，匿名发布了"如何在薯片上印制图案？"这个问题，在网站上寻找解决办法。几个月后，宝洁公司从收到的众多解决方案中挑选出最满意的一个，这个好主意来自意大利波洛尼亚地区的一位大学教授，他发明了一种喷墨打印方法，有望在蛋糕上打出可食用的花色图案。

接下来，宝洁公司按照这位大学教授提供的喷墨打印方法，经过反复试验和改进，终于成功地将各种精美的图案印制在薯片上。同年，新品客薯片一经推出，就受到了年轻人的追捧，因为他们对打印在薯片上的风趣图形感到新奇不已，而宝洁公司的销售额增长率也因此提高到两位数。这个创新不仅增加了产品的卖点，也为整个薯片行业带来了新的发展方向。

4. 众酬思维

众筹即大众筹资，通常由发起人、跟投人和平台方三者共同构成。首先由发起人在互联网平台上发布项目提案，然后借助于这个项目提案采用团购+预购的形式，向网友募集项目开展所需的资金。如果这个提案富有创意，能够引发目标群体的关注就可以获得大家的支持，最终众筹成功。众筹具有低门槛、多样性、依靠大众力量、注重创意的特征。

众筹模式将产品的售出环节前置，这样有利于创业者在项目开展之前即可获得一定资金，降低了产品研发门槛，同时采用利益共享、风险均摊的方式降低了产品开发风险，对于开展大众创业、万众创新具有积极的意义。

案例 **草根明星创造众筹奇迹**

Pebble E-Paper智能手表是一款能提升当代移动智能生活品质的精美设备，如图7-4所示。这款智能手表的项目发起人之一是Eric，一位年轻的欧洲设计学院毕业生，设计灵感来自于他在骑自行车查看信息时摔坏手机的经历，他希望能够创新信息查看方式。在大学时期，Eric与几位朋友一起设计了原型机；毕业后，他们开始创业，并着手设计Pebble原型。

可是创业之路并非一帆风顺，Pebble一度因资金短缺而陷入困境。为了挽救这个即将"夭折"的项目，Eric决定将Pebble放在Kickstarter众筹网站上，希望筹集到10万美元的资金，以继续他的梦想。按下确认键后，Eric和团队其他四名成员外出用餐，2小时后，当他们回到办公室时，"奇迹"发生了，原本的10万美元筹资目标已经达成，而且资金仍在迅速增

图7-4　Pebble E-Paper智能手表设计图

长。仅仅28小时后，Pebble筹集到的资金就突破了100万美元。在此后的短短37天内，它获得了68 929人的资助，累计筹资金额达到了惊人的1000万美元。值得一提的是，项目初期就有一位天使投资人给予了37.5万美元的投资。

Eric的成功归功于众筹平台的力量，正是Kickstarter网站提供的众筹模式让Pebble起死回生。这款手表的诞生，不仅体现了Eric与他的团队的创新精神，也证明了众筹模式的巨大潜力。

5. 社群思维

随着实时在线沟通成为常态，具有共同价值主张和消费需求的人利用网络虚拟空间结成了一定规模的社群，从而产生了"社群模式"。不同于以往的商业模式先有交易再有客户，社群商业模式是先有社群再有客户，比如我们常说的"粉丝经济"其实就属于社群模式，还有"拼多多"其实也是利用社群这一平台进行商品的推销和售卖。

社区模式依赖于用户忠诚度、社交网络和用户创造内容，高度依赖于网络效应。用户不但是内容的创造者，也是内容的发布者和传播者，社区提供免费内容以及用户的免费信息，这些信息也是广告主最感兴趣的，因此利润来源于广告。也就是说，用户数量越多，企业的价值越大。由于传统的服务行业一直处在一个低效且劳动力消化不足的状态，在新模式的推动和资本的催化下，上门送餐、上门生鲜、上门化妆等各种O2O模式开始层出不穷。

案例　乐高，一起玩转世界

2003年时，乐高遭遇了巨大经营危机，累计债务近8亿美元，几乎离破产只有一步之遥。然而，2021年，乐高就以53.97亿美元的收入轻松蝉联"全球最有价值的25大玩具品牌榜"榜单第一位；2018年，乐高更是跻身世界品牌500强，成为创新和玩具的代名词。

2004年，打响涅槃之战的乐高新掌门人约根·维格·纳斯托普发起了"核心引力"活动，他通过网上调查收到了56 000个回复，并组织了一系列市场测试和儿童焦点小组活动。

2005年，乐高新高管们参加了一个"积木盛宴"活动——纳斯托普与500名乐高成年粉丝进行了长达3小时的问答。纳斯托普后来将其称为"决定性的会面"，这是他第一次与成年粉丝团体正面相遇，"我们认为创新将来自与粉丝团体的对话"。接着，乐高在全世界招募2000名儿童，创建了一个"儿童圈子"，邀请他们共同测试玩具。也是2005年，乐高推出"乐高

大使"计划,从全球成人玩家中挑选出20名大使,向全世界粉丝群体传达信息、搜集想法,并将社群的问题和要求直接反馈给乐高。值得一提的是,这是现代商业史上品牌第一次认真对待自己的"粉丝&用户";也是第一个将"培养用户社群"作为振兴公司和核心业务战略的企业。自此,乐高共创感之门被打开:从收集意见到测试新品,从传递需求到参与活动,从共创产品到共创生态,玩法不断升级;同时,认证专家、认证玩家、乐高创意等社群、团体和平台接连出现。

今天,乐高的社群仍在延伸,参与平台纵深推进,新玩法、新模式层出不穷。以"乐高创意"网站为例,乐高创意是一个全球开放的创新社区,如图7-5所示。乐高粉丝可以在这里提交自己对新乐高套装的想法,为其他成员的想法投票,参与挑战并参与其他乐高活动,包括迷你拼搭活动、粉丝投票活动。作为主要产品创意体验的一部分,会员可以在线收集他们创意的选票,获得10 000票的创意就有机会被选中成为乐高集团产品组合的一部分。其他部分是挑战和活动,这些挑战和活动以时间和主题为框架,通常与内部合作伙伴合作进行。

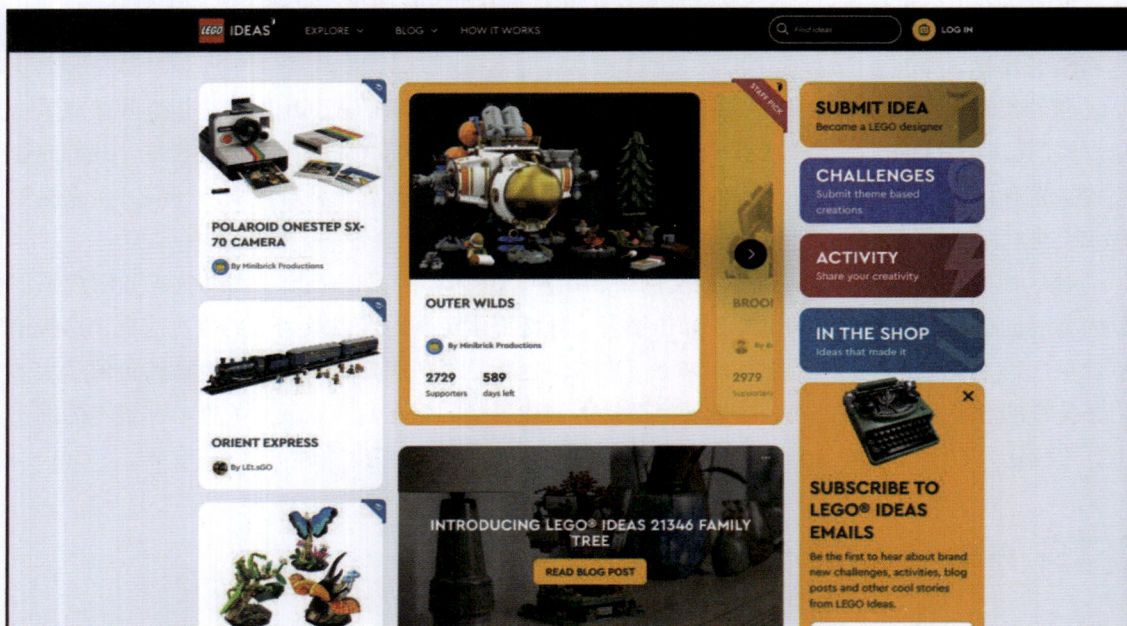

图7-5 乐高创意网站

6. 定制思维

随着科学技术的进步,生产力得到进一步提升,社会物质生产整体进入丰裕化时期,商品市场供求关系随之发生变化。在买方市场条件下,企业只有根据市场的消费需求进行产品研发才能在激烈的市场竞争中获胜,传统的产品研发和生产模式虽然具有价格上的优势,但是却无法满足客户多样化和个性化的需求,定制思维即是为了适应和满足这种市场消费需求的变化而产生的。

案例　赛恩，开启个性化汽车时代

赛恩(Scion)，以其独特的品牌标语"摆脱枷锁，为激情而生！"让驾驶者们倍感自豪。它不仅意味着用户能够自由地设计和打造出真正心仪的跑车，而且体现了赛恩品牌对个性和激情的追求。

赛恩，作为北美丰田的后起之秀，以其年轻活力的品牌形象，成为继丰田(Toyota)和雷克萨斯(Lexus)之后，TMS旗下的第三个重要品牌。TMS不仅赋予了赛恩全新的品牌生命，更使其成为个人化汽车时代的标志。通过全新的经销体系，每一位车主都能享受到赛恩精心设计的个性化购车体验，从而拥有一部与众不同的汽车。

作为一个年轻的汽车品牌，赛恩将目标用户锁定为年轻人，并开创性地开发了一套个性化购车系统。这套系统为用户提供了极大的自由度，让他们可以在五款赛恩汽车中选择一款作为基础车型，然后根据自己的喜好和需求挑选一系列的附件和配件。无论是从丰田直接选择配件，还是从阿尔派音响等知名品牌中挑选，用户都能找到满足自己需求的个性化配件。此外，市场上的零件供应商也为用户提供了丰富的选择，无论是霓虹灯、增压器、碳纤维柱，还是成百上千种其他配件，用户都可以在独立的网站上找到。这意味着顾客不仅可以在购车时定制自己的座驾，还可以在日后继续进行个性化升级和改造。

赛恩正是借助这种定制化的模式，用心聆听每一位驾驶者的声音，满足他们对个性和激情的追求。不仅让驾驶者们拥有了真正符合自身需求的跑车，还让他们在驾驶过程中感受到无限的可能和自由。

思考练习题

1. 请回答长尾商业模式的特点和优势是什么？
2. 商业模式画布工具由哪几个模块构成？请借助商业模式画布工具完成个人创业项目商业模式的构建。

第八章
大学生创新创业实践

内容概述

本章讲解的内容包括以下3个方面：

（1）介绍和讲解大学生参加创新创业实践的意义；

（2）介绍大学生参加创新创业实践的常见途径；

（3）介绍大学生开展公益创新创业的相关知识；

（4）介绍大学生创新创业实践方法和经验。

目标与任务

认识大学生参加创新创业实践的意义，了解大学生参加创新创业实践的常见途径；鼓励大学生选择和参与公益创新创业项目，培养当代大学生的公益精神与服务意识，增强大学生的专业使命感与社会责任感，通过创新创业实践达到服务社会和增长才干的目的。

第一节　大学生与创新创业实践

一、大学生参加创新创业实践的意义

大学生学习创新创业方法和理论的最终目的，是更好地进行创新创业实践。"纸上得来终觉浅，绝知此事要躬行"，人的认识离不开实践，也是在不断的实践过程中逐步深化的，只有通过实践才能达到认识世界和改造世界的目的。创新创业是应用性和实践性非常强的一门学问，创新创业能力需要在不断的实践过程中获得和培养，社会实践是培养大学生创新能力的重要途径，当代大学生只有投身于时代发展和民族复兴的伟大实践中去，才能实现自己的人生价值。

为了帮助大学生在创新创业实践中取得良好成效，真正达到知行合一的目的，最终实现知识学习、能力锻炼和价值塑造的创新创业人才培养目标，建议大家按照以下几点要求开展创新创业实践。

1. 大学生创新创业实践要走进基层

习近平总书记给河北保定学院西部支教毕业生群体代表回信中，勉励青年人到基层和人民中去建功立业，在实现中国梦的伟大实践中书写别样精彩的人生。大学生开展创新创业实践同样要走出"象牙塔"，走进基层，只有走进基层，加强与基层群众的密切联系，才能更好地认识国情和民情，把心彻底沉下来去发现问题，挖掘需求，寻求问题解决的办法，利用专业知识和创新创业能力帮助基层群众解决实际问题，在这个过程中让自己收获真知，丰富阅历，进而增强自己的社会责任感和专业使命感。

2. 大学生创新创业实践要关注社会热点问题的解决

社会热点问题往往与国家发展和百姓生活密切相关，社会热点问题能否妥善解决具有重大的社会意义。大学生在进行创新创业实践时要关注社会热点问题，关心国家发展和社会需求，针对社会生产和生活各个领域中存在的热点问题展开研究，积极寻求问题的解决方案，最终完成面向应用的产品或服务设计方案，通过自己的创新创业实践服务社会，造福百姓。

3. 大学生创新创业实践要热心公益类项目

马克思在《青年在选择职业时的思考》一文中写道："人们只有为同时代人的完美、为他们的幸福而工作，才能使自己也过得完美。"大学生在进行创新创业实践时要避免功利化和短视化两种倾向，在追求经济效益和商业价值的同时，更要认识到创新创业的社会价值和意义，树立通过创新创业自觉服务奉献社会的责任感与使命感，要热心开展和参与事关社会公共利益和民生福祉的公益类创新创业实践。

二、大学生参加创新创业实践的条件

大学生参加创新创业实践需要具备一定的创新创业实践能力，创新创业实践能力是指创新或创业主体在综合利用现有资源的基础上解决实践中具体问题的能力，具体包括开展项目研究能力、动手操作能力，以及对各方资源进行运用和整合的能力。实践能力是大学生创新创业教育中的高阶性能力目标，对学生的综合素质和能力有着较高的要求，需要在专业知识、创新方法和通用技术三个方面具有扎实的基础，如图8-1所示，只有这样才能保证创新创业实践的质量和效果。

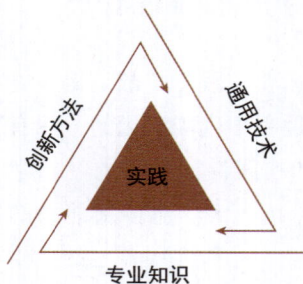

图8-1 大学生创新创业
实践能力要求

1. 专业知识

创新是通过综合利用现有的信息进行创造性的活动，从而提出新的思想、方法和方案。一般来讲，创新水平的高低与创新主体所掌握的知识多少成正比，扎实的专业知识与出色的专业能力是学生进行高质量创新创业的基础和保证。虽然大学生在进行创新创业项目选题时，并不一定要必须依托自己的专业，但还是建议大学生尽可能基于自己的专业开展创新创业实践活动，因为只有这样才能够为取得高水平和高质量的创新创业成果和业绩提供保障。

2. 创新方法

创新方法是指导人们开展创新实践活动的工具，通过对创新方法的学习，可以帮助人们认识创新的一般性规律。大学生有了专业知识和能力不一定能够做出创新，还需要以创新思维和方法作为引导，这样才能正确地去思考，更高质量和更高效率地进行创新，最终创造性地解决问题。

3. 通用技术

通用技术是指大学生在进行创新创业过程中需要用到的具有共性的技术手段和工具，如3D技术、编程技术、思维导图等，对这些通用技术的掌握将有助于创新创业效率的提高，以及创新创业效果的达成。

三、大学生参加创新创业实践的途径

大学生参加创新创业实践活动的途径通常有三个，分别是大学生创新创业训练计划项目、创新创业类竞赛活动，以及校企合作项目。下面就针对这三种途径分别进行介绍。

(一) 大学生创新创业训练计划项目

大学生创新创业训练计划项目，是教育部实施的国家级大学生创新创业训练计划。通过实施创新创业训练计划，促进高等学校转变教育思想观念，改革人才培养模式，强化创新创业能力训练，增强高校学生的创新能力和在创新基础上的创业能力，培养适应创新型国家建设需要的高水平创新人才。

国家级大学生创新创业训练计划项目面向本科生开展，原则上要求项目负责人在毕业前完成项目。创业实践项目负责人毕业后可根据情况更换负责人，或是在能继续履行项目负责人职责的情况下，以大学生自主创业者的身份继续担任项目负责人。创业实践项目结束时，要按照有关法律法规和政策妥善处理各项事务。

国家级大学生创新创业训练计划的内容包括创新训练项目、创业训练项目和创业实践项目三类。

1. 创新训练项目

创新训练项目是本科生个人或团队，在导师指导下，自主完成创新性研究项目设计、研究条件准备和项目实施、研究报告撰写、成果(学术)交流等工作。

2. 创业训练项目

创业训练项目是本科生团队，在导师指导下，团队中每个学生在项目实施过程中扮演一个或多个具体的角色，完成编制商业计划书、开展可行性研究、模拟企业运行、参加企业实践、撰写创业报告等工作。

3. 创业实践项目

创业实践项目是学生团队，在学校导师和企业导师共同指导下，采用前期创新训练项目(或创新性实验)的成果，提出一项具有市场前景的创新性产品或服务，以此为基础开展创业实践活动。

(二) 创新创业类竞赛

参加创新创业类或者学科专业类竞赛，是大学生提升个人实践能力的重要途径，通过参加比赛可以将自己的创新创业实践成果化。同时，比赛也是对项目和成果进行推广比较重要的手段，可以帮助大学生获得更多成果转化和项目落地实施的机会。

大学生平时参加的比赛可以分为两类：一类是创新创业类比赛，该比赛一般是面向所有的学科专业；另一类是学科专业类比赛，该比赛往往是面向特定的一个或多个学科专业进行。

下面对"中国国际大学生创新大赛"和"'挑战杯'全国大学生系列科技学术竞赛"，这两个影响力比较大的创新创业类竞赛活动进行介绍。

1. 中国国际大学生创新大赛

1) 大赛介绍

中国国际大学生创新大赛，由教育部发起，与中央统战部、国家网信办、国家发展改革委等多部门联合主办。大赛目标是落实立德树人根本任务，传承和弘扬红色基因，聚焦"五育"融合创新创业教育实践，开启创新创业教育改革新征程，激发青年学生创新创造的热情。大赛面向全球范围内的高等院校全日制在校大学生及研究生开放，不限国籍、专业背景，鼓励学生跨学科组队参赛。

中国国际大学生创新大赛自举办以来，成为大学生展示创新成果的重要舞台，产生了广泛的社会影响，激发了更多大学生对创新的热情和追求，为培养具有国际竞争力的创新人才做出了积极贡献。以下是对中国国际大学生创新大赛(2024)部分内容的介绍。

要求一：参赛项目能够紧密结合经济社会各领域现实需求，充分体现高校在新工科、新医科、新农科、新文科建设方面取得的成果，培育新产品、新服务、新业态、新模式，促进制造业、农业、卫生、能源、环保、战略性新兴产业等产业转型升级，促进人工智能、数字技术与教育、医疗、交通、金融、消费生活、文化传播等领域的深度融合。

要求二：参赛项目应弘扬正能量，践行社会主义核心价值观，真实、健康、合法。项目中不得含有任何违反《中华人民共和国宪法》及其他法律法规的内容，所涉及的发明创造、专利技术、资源等必须拥有清晰合法的知识产权或物权。参赛项目如有涉密内容，参赛前须进行脱敏处理。如有抄袭盗用他人成果、提供虚假材料等违反相关法律法规或违背大赛精神的行为，一经发现即刻丧失参赛资格、所获奖项等相关权利，并自负一切法律责任。

2) 参赛组别

高教主赛道：1. 本科生组：创意组、创业组

2. 研究生组：创意组、创业组

青年红色筑梦之旅赛道：公益组、创意组、创业组

职教赛道：创意组、创业组

3) 参赛类别

高教主赛道：新工科类、新医科类、新农科类、新文科类、人工智能+

青年红色筑梦之旅赛道：现代农业、制造业、信息技术服务、文化创意服务、社会服务

职教赛道：创新类、商业类、工匠类

4) 奖项设置

高教主赛道：中国大陆参赛项目设金奖200个、银奖400个、铜奖1200个；中国港澳台地区参赛项目设金奖10个、银奖20个、铜奖另定；国际参赛项目设金奖50个、银奖100个、铜奖350个；获得金奖项目的指导教师为"优秀创新创业导师"(限前五名)。

青年红色筑梦之旅赛道：设置金奖70个、银奖140个、铜奖440个；获得金奖项目的指导教师为"优秀创新创业导师"(限前五名)。

职教赛道：设置金奖70个、银奖140个、铜奖440个；获得金奖项目的指导教师为"优秀创新创业导师"(限前五名)。

产业命题赛道：设置金奖50个、银奖100个、铜奖300个。

萌芽赛道：设置创新潜力奖20个；入围总决赛但未获创新潜力奖的项目，发放"入围总决赛"证书。

2 "挑战杯"全国大学生系列科技学术竞赛

1) 大赛介绍

"挑战杯"全国大学生系列科技学术竞赛，简称"挑战杯"竞赛。该竞赛是由共青团中央、中国科协、教育部和全国学联共同主办的全国性的大学生课外学术实践竞赛。"挑战杯"竞赛在中国设置了"'挑战杯'全国大学生课外学术科技作品竞赛"和"'挑战杯'中国大学生创业计划竞赛"。这两个竞赛项目交叉轮流开展，每个项目每两年举办一届。

(1)"挑战杯"全国大学生课外学术科技作品竞赛。

"挑战杯"全国大学生课外学术科技作品竞赛,是由共青团中央、中国科协、教育部、全国学联和地方政府共同主办,国内著名大学、新闻媒体联合发起的一项具有导向性、示范性和群众性的全国竞赛活动。竞赛坚持"崇尚科学、追求真知、勤奋学习、锐意创新、迎接挑战"的宗旨,在促进青年创新人才成长、深化高校素质教育、推动经济社会发展等方面发挥了积极作用,在广大高校乃至社会上产生了广泛而良好的影响,被誉为当代大学生科技创新的"奥林匹克"盛会。

历经十届,"挑战杯"全国大学生课外学术科技作品竞赛已经成为:

——吸引广大高校学生共同参与的科技盛会。从最初的19所高校发起,发展到1000多所高校参与;从300多人的小擂台发展到200多万大学生的竞技场,"挑战杯"竞赛在广大青年学生中的影响力和号召力显著增强。

——促进优秀青年人才脱颖而出的创新摇篮。竞赛获奖者中已经产生6位国家重点实验室负责人,20多位教授和博士生导师,70%的学生获奖后继续攻读更高层次的学历,近30%的学生出国深造。

——引导高校学生推动现代化建设的重要渠道。成果展示、技术转让、科技创业,让"挑战杯"竞赛从象牙塔走向社会,推动了高校科技成果向现实生产力的转化,为经济社会发展做出了积极贡献。

——深化高校素质教育的实践课堂。"挑战杯"已经形成了国家、省、高校三级赛制,广大高校以"挑战杯"竞赛为龙头,不断丰富活动内容,拓展工作载体,把创新教育纳入教育规划,使"挑战杯"竞赛成为大学生参与科技创新活动的重要平台。

——展示全体中华学子创新风采的亮丽舞台。众多高校积极参与竞赛,派出代表团参加观摩和展示。竞赛成为青年学子展示创新风采的舞台,也成为各地学生增进彼此了解、加深相互感情的重要途径。

(2)"挑战杯"中国大学生创业计划竞赛。

创业计划竞赛又称商业计划竞赛,是风靡全球高校的重要赛事。它借用风险投资的运作模式,要求参赛者组成优势互补的竞赛小组,提出一项具有市场前景的技术、产品或者服务,并围绕这一技术、产品或服务,以获得风险投资为目的,完成一份完整、具体、深入的创业计划。

竞赛采取学校、省(自治区、直辖市)和全国三级赛制,分预赛、复赛、决赛三个赛段进行。

大力实施"科教兴国"战略,努力培养广大青年的创新、创业意识,造就一代符合未来挑战要求的高素质人才,已经成为实现中华民族伟大复兴的时代要求。作为学生科技活动的新载体,"挑战杯"中国大学生创业计划竞赛在培养复合型、创新型人才,促进高校产学研结合,推动国内风险投资体系建立方面发挥出越来越积极的作用。

2) 参赛要求及说明

(1)"挑战杯"全国大学生课外学术科技作品竞赛参赛要求。

参赛对象:全日制在校专科生、本科生、硕士研究生(不含在职研究生)均可申报作品参赛。

竞赛分组：

① 主赛道：参赛作品分为自然科学类学术论文、哲学社会科学类社会调查报告、科技发明制作三大类。

- 自然科学类学术论文作者限本科生、专科生。
- 哲学社会科学类社会调查报告支持围绕发展成就、文明文化、美丽中国、民生福祉、中国之治5个组别形成报告。
- 科技发明制作类分成A、B两类：A类指科技含量较高、制作投入较大的作品；B类指投入较少，且为生产技术或者社会生活带来便利的小发明、小制作等。

② 专项赛道：挑战杯另设三项专项赛道，通过独立评审参赛(不与主赛道同时进行)，之后另行发布有关通知。

- "红色专项"活动，旨在鼓励学生通过社会实践和实习等形式，学习宣传贯彻党的二十大精神、感受新时代中国特色社会主义发展伟大成就、接受红色教育，形成有真情实感的心得体会、调研报告或视频图片等成果。
- "揭榜挂帅"专项赛道，聚焦科技发展前沿和关键核心技术，聚焦哲学社会科学领域的重大课题和现实问题，由政府、企业、科研机构等单位发榜命题，学生团队揭榜答题。参赛的作品数不设限制，但同一作品不得同时参加主体赛事自然科学类学术论文、哲学社会科学类调查报告、科技发明制作的作品评比。
- "黑科技"活动，鼓励学生提出和论证充满想象力和创造力的新思路、新方法、新技术。

参赛形式： 原则上集体项目每支队伍不超8人，个人项目不超3人，每人仅可报名参加一个项目。每个参赛项目只可选择参加一个类型赛事，不得兼报。每件作品可由不超过3名教师指导完成。

(2) "挑战杯"中国大学生创业计划竞赛参赛要求。

参赛对象： 全日制在校专科生、本科生、硕士研究生(不含在职研究生)。

竞赛分组： 聚焦创新、协调、绿色、开放、共享五大发展理念，设置五个组别。

科技创新和未来产业： 围绕创新驱动发展战略，推动数字经济健康发展，在智能制造、信息技术、大数据、人工智能、生命科学、新材料、军民融合等领域，结合实践观察设计项目。

乡村振兴和农业农村现代化： 围绕实施乡村振兴战略，在农林牧渔、电子商务、乡村旅游、城乡融合等领域，结合实践观察设计项目。

生态环保和可持续发展： 围绕可持续发展战略和碳达峰、碳中和目标，在环境治理、可持续资源开发、生态环保、清洁能源应用等领域，结合实践观察设计项目。

城市治理和社会服务： 围绕国家治理体系和治理能力现代化建设，在政务服务、消费生活、公共卫生与医疗服务、金融与财经法务、教育培训、交通物流、人力资源等领域，结合实践观察设计项目。

文化创意和区域合作：突出共融、共享，紧密围绕"一带一路"倡议和京津冀地区、长三角地区、成渝地区及粤港澳大湾区等经济合作建设，在工业设计、动漫广告、体育竞技和国际文化传播、对外交流培训、对外经贸等领域，结合实践观察设计项目。

(三) 校企合作项目

服务社会是大学除了人才培养功能以外的另一项重要功能，学校与企业联合开展项目是实现大学服务社会功能的重要途径之一，因此每年都会有很多校企合作项目开展，这也为大学人才培养，特别是大学生创新创业能力培养提供了平台载体。

校企合作项目选题往往是基于市场直接需求或者企业生产一线真实需求产生，其研究具有较强的目标性和实际应用价值。除此之外，参与校企合作项目研究的过程，可以得到院校老师、企业工程师，甚至是行业领域专家等多方面的指导，这样可以使大学生更多获益。

目前，有一些学科竞赛和创新创业竞赛也越来越重视企业实际选题的意义和价值，在比赛中引入企业命题甚至是专门设置了产业赛道，从而让学生通过比赛的形式参与到企业项目的研究中，如"互联网+"大学生创新创业大赛产业命题赛道、"挑战杯"比赛揭榜挂帅专项赛等。

第二节　社会公益创新创业

一、什么是社会公益创新创业

随着社会的进步和发展，公益事业在社会中扮演着越来越重要的角色。

社会公益创新旨在通过新的方法和理念，推动公益事业的发展，以更好地服务社会和改善人们的生活。在当今社会，公益创新设计已成为推动社会进步、改善社区环境、提升生活质量的重要力量。

社会公益创业指个人或者社会组织在社会使命的激发下，追求创新、效率和社会效果，是一种面向社会需要、建立新的组织向公众提供产品或服务的社会活动。公益创业强调创业的社会利益的兼顾以及非营利组织的创业。社会公益创业的明显特征，是采用创新的方法解决社会主要问题，采用传统的商业手段创造社会价值而非个人价值。

需要特别说明的是，社会公益创新创业虽然强调和突出其公益的目的和效果，但是与追求和产生经济效益并不对立和冲突，甚至是必要的，因为一定的经济效益是保证一个公益项目能够稳定、可持续发展的基础，即社会公益创新创业项目自身要具备一定的"造血"功能，只要经营所得不是为了个人谋取利益，而是为了公益事业可持续发展的需要、造福社会的需要，就可以采用商业化的手段对项目进行运作，即通过商业的手段达成公益的目的。

二、大学生与社会公益创新创业

青年人具有强烈的社会责任感和奉献精神，思想也最为开放和活跃，是社会公益创新创业中不可忽视的力量。中国青年政治学院副校长、KAB(中国)创业教育研究所所长李家华说："在参与公益创业中，青年最有年龄优势，最具敏锐性，也最可能发现和把握机遇，从而以创新的方式实现公益创业的目标。"

根据《中国青年公益创业调查报告》发布的数据显示：公益创业组织负责人或者创始人年龄结构主要集中在18～30岁(占总调查数的88%)，而18～25岁是创业的主要年龄段(占总调查数的74%)。由此可见，青年人已经成为公益创业活动中最为活跃的群体，对公益创业的发展起到重要的推动作用。

大学生作为青年群体里的中坚力量，肩负着实现中华民族伟大复兴的历史重任，因此更应该树立"先天下之忧而忧"的历史责任感，关心和关注社会问题的解决，用实际行动践行新时代青年的使命与担当。

案例 为盲人三轮小车进行人性化改良设计

在西安市有一位特殊的老人，他叫张喜平，是一位全盲患者。身体的残疾并没有使他放弃对生活的追求，他仍然坚持努力工作，三十年如一日地每天奔走几十公里路卖鸡蛋、以一己之力赡养80多岁的母亲、抚育捡来的女儿长大成材。

西安理工大学工业设计系师生在得知张喜平师傅的感人故事后，决定要借助设计的力量来帮助这位老人改善工作条件。设计团队先是对张师傅平时的工作和生活场景进行了长期的观察研究，郭小鹏老师带领学生数次跟拍他卖鸡蛋的全过程，如图8-2所示，并与张师傅多次交流，以充分了解和挖掘他的需求。

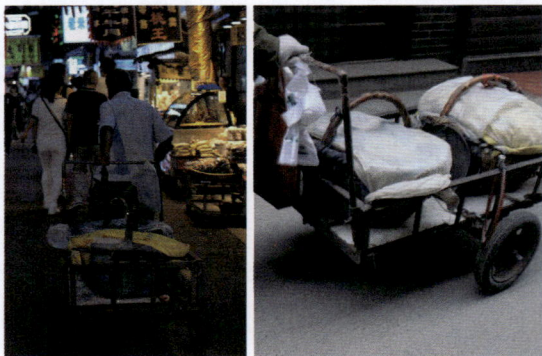

图8-2　设计团队深入现场开展设计调研

接下来，他们运用设计思维对张师傅售卖鸡蛋所使用的三轮小车进行改良设计，以人机工效学角度，从车辆尺寸参数和储物空间布局等十个方面进行研究改进，提升小车使用过程中的安全性和舒适性，帮助张师傅降低劳动强度，改善工作条件。考虑到老人特殊的身体情况和行为习惯，新的小车设计遵循简单、实用、方便的原则，尽可能保持小车原有的基本结构和整体功能。设计过程中团队多次征求张师傅的意见，根据老人的需求和期望对设计方案及时做出调整。当一个美观、实用的小车交到老人手中的时候，他爱不释手的样子让师生们觉得之前付出的所有辛苦都是值得的。图8-3和图8-4展示的是经设计改良后的三轮小车。

图8-3　改良后的三轮小车造型

图8-4　改良后小车使用场景

西安理工大学工业设计系师生共同为盲人设计改良三轮小车的故事，被包括中央电视台在内的多家媒体报道，如图8-5所示，同时在微信平台上被大量转载，产生了积极广泛的社会影响，成为当年网络上最暖心的事件之一。这个事例很好地体现了大学生利用自己的专业知识服务社会，帮扶弱势群体的责任与担当。

图8-5　郭小鹏老师代表团队接受央视记者采访

三、社会公益创新创业选题

大学生开展社会公益创新创业的第一步就是要找到一个合适的选题，选题要以公益性为前提，同时要充分考虑创业团队是否具有相应的资源来支持公益活动的持续开展。下面列出一些比较知名的公益性选题项目，供大家在进行社会公益创新创业时参考。

(一) 联合国可持续发展目标项目

1. 项目介绍

联合国可持续发展目标(Sustainable Development Goals，SDGs)，是联合国制定的17个全球发展目标，如图8-6所示。

2015年9月25日，联合国可持续发展峰会在纽约总部召开，193个成员国在峰会上正式通过17个可持续发展目标。可持续发展目标旨在从2015—2030年以综合方式彻底解决社会、经济和环境三个维度的发展问题，转向可持续发展道路。

2. 相关竞赛

1) IF社会影响力奖

德国IF奖创立于1953年，该奖是由德国历史最悠久的工业设计机构——汉诺威工业设计论坛(iF Industrie Forum Design)每年定期举办的，是全球最具影响力的设计奖项之一。

图8-6　17个全球发展目标

2017年，IF奖在原来奖项的基础上，设立了以联合国可持续发展目标为主题的iF社会影响力奖，如图8-7所示，并持续以每年100 000欧元的投入支持获奖的优秀项目。iF社会影响力奖以联合国可持续发展目标为参赛类别，涵盖可持续城市及社区、陆地生态、海洋生态、性别平等和优质教育等15个方面。

图8-7　iF社会影响力奖

案例　利用回收的塑料瓶建造房屋

2021年iF社会影响力奖获奖项目为"利用回收的塑料瓶建造房屋"，如图8-8所示。该项目通过升级回收塑料瓶，培训当地社区特别是弱势青年保护环境。由于建造房屋的砖块在制作时需要被燃烧数天，这导致了森林的砍伐。瓶子可以取代对环境不友好的砖块，将收集的瓶子用土壤压实用于房屋建造，非常经济实惠。此外，这些建筑物还具有坚固、隔热、抗震等特点。

第八章　大学生创新创业实践

图8-8　利用回收的塑料瓶建造房屋

2) 未来设计师·国际创新设计大赛

未来设计师·国际创新设计大赛(International Innovation Design Awards，IIDA)，由联合国教科文组织与IIDA组委会主办，由未来设计师·全国高校数字艺术设计大赛(NCDA)组委会承办，是全球青年人积极参与的重要竞赛之一。竞赛秉承Better Design, Better Future的理念，鼓励世界各地的年轻人积极参与创新和创意，促进和倡导科学、技术和工程在可持续发展目标中的重要作用，帮助青年人拓展国际视野，助推可持续发展。

联合国可持续发展目标赛项，是未来设计师·全国高校数字艺术设计大赛(NCDA)的公益赛事之一，如图8-9所示，也是同类大赛中较早设立的联合国主题的赛事，旨在帮助大学生树立及提升"世界公民"意识，以"未来设计师"的视野关注人类社会可持续发展，并贡献自己的设计智慧，得到大学生的积极参与。

三个独立竞赛、师生联动、国内国际对接

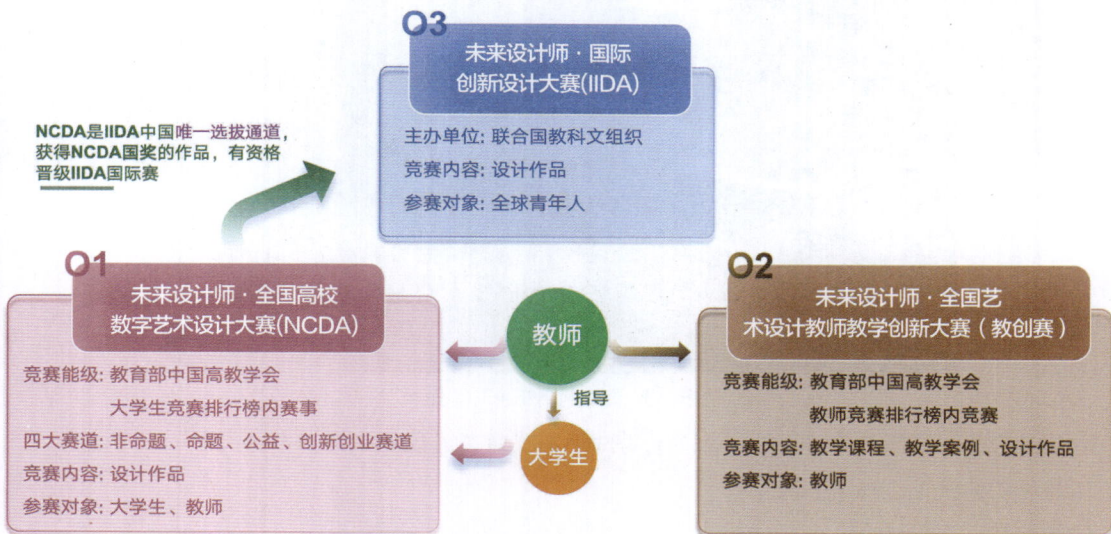

图8-9　未来设计师三大竞赛关系图

133

案例 海平面上升背景下的海陆两栖交通工具

在全球变暖的背景下，海平面上升正成为一个日益紧迫的问题，对沿海基础设施构成重大挑战。本方案在分析水陆两用车用户和工作环境的基础上，从现有湿地环境出发，分析了产品在水陆两用环境中会出现的各种问题，并通过对这些问题的分析得出优化方案，如图8-10所示。

图8-10　海陆两栖交通工具设计

作品名称：基于海平面上升背景下的海陆两栖交通工具设计

作者：李桂成，张菡，田非凡

指导教师：李虹

学校：燕山大学(中国)

(二) 乡村振兴与共同富裕

十九大报告指出，农业农村农民问题是关系国计民生的根本性问题，必须始终把解决好"三农"问题作为全党工作的重中之重。实施乡村振兴战略，是解决新时代我国社会主要矛盾、实现"两个一百年"奋斗目标和中华民族伟大复兴中国梦的必然要求，具有十分重大的现实意义和深远的历史意义。

乡村振兴目标涵盖了产业兴旺、生态宜居、乡风文明、治理有效、生活富裕共五大方面，内涵丰富，涉及广泛，为大学生开展创新创业确立选题提供了参考。大学生可以将创新创业实践活动同乡村地区需求结合，利用大学生的专业知识和创新创业能力为乡村地区振兴发展提供智力支持。

案例 **农村家用蹲坐一体式无水便器及旱厕系统**

清华大学美术学院生态设计研究所刘新老师团队，针对农村厕所做了大量实地调研与设计研究，最终推出一套农村家用"蹲坐一体式无水便器及旱厕系统"，如图8-11所示。该设计遵循人本设计、生态优先的原则，充分满足不同家庭成员的如厕习惯，同时对粪便进行减量化、无害化与资源化处理，可以广泛应用于水源匮乏、缺少市政管网设施的地区，在美丽乡村建设的热潮中具有重要的示范作用和广阔的市场前景。

图8-11　蹲坐一体式无水便器

该设计获得日本GOOD DESIGN AWARD 2020优秀设计奖，得到了高度评价："在亚洲地区有不同的如厕方式，该马桶可以兼容这些方式，并且设计精良。它可以作为农村地区最常见的印度式(包括中国式)蹲便器使用；也可以方便地改为坐式便器，以保持便器周围区域的清洁，并方便老年人使用。马桶座圈和抬高部分由树脂制成，重量轻而且移动性好。该产品可以在缺水的情况下存储粪便和有效分解这些废弃物。这是一个好的厕所设计，而不仅仅是可见的外观造型部分。"

(三) 社区治理

社区是若干社会群体或社会组织聚集在某一个地域内所形成的一个生活上相互关联的大集体，是社会有机体最基本的单位，是宏观社会的缩影。社区具有三个方面的特点：第一，在一定的地理区域；第二，有一定数量的人口；第三，居民之间有共同的意识和利益，且有着较密切的社会交往。

社区生活具有生动可感的特点，是民生水平最直接的体现。大学生要关注社区发展，将社区作为一个认识和了解社会的窗口，通过参加社区志愿服务等社会实践活动认识国情和民情，并结合社区需求特别是特殊人群的需求开展公益创新创业活动。在充分调查与了解的基础上，针对社区环境、社区文化、社区医疗、社区服务、邻里关系等社区存在的问题，我们可以提供创新性解决方案，从而推动社区治理水平与群众福祉的提高，有效促进社会公平和共同富裕。

下面介绍两个出色的社区创新案例，我们可以从中汲取灵感，激发创新思维，创造未来社区的无限可能。

案例 地瓜社区：点亮社区，共创美好

地瓜社区是由中央美术学院师生发起的一项社会公益创新项目，负责人是社会设计教研室主任周子书老师，如图8-12所示。地瓜社区公益创新的核心是"以人为本"，注重社区居民的参与和合作，旨在通过设计和艺术的力量，推动社区的可持续发展和创新。这个项目结合了央美师生的创意和社区居民的需求，以独特的视角和设计理念，为社区带来了质性的改变，共同打造出具有独特魅力和活力的社区。

图8-12　周子书老师(右一)和学生在项目现场

首个地瓜社区项目位于北京朝阳区亚运村街道安苑北里小区的地下室内，项目致力于将社区闲置的地下空间进行改造，使其成为一个能够为社区居民提供休息、学习、娱乐的共享空间，同时采用社区共享理念和模式对社区进行运营和管理，以此吸引更多的社区居民加入社区地下空间中来，帮助他们利用自身技能为社区提供服务，最终将地下室这一传统的物理空间打造成一个可进行交流、分享的社区文化空间。该项目从2013年开始进行设计改造，现已经从一个普通的地下室变成拥有影院、图书馆、教室、健身房、理发室等设施的社区中心。

　　继北京"地瓜社区"的打造后，周子书老师又将地瓜社区的理念和经验带到了成都，成功打造了曹家巷地瓜社区。曹家巷地瓜社区所在地位于曹家巷成都北门，这里是中心城区最大的危旧房棚户区，2012年以前，在这片总面积约198亩的土地上，约有14 000居民，居住在65幢危旧的红砖房中，并共用7个旱厕。就是这样的棚户区，经过改造升级后，从曾经的"脏乱差"变成一个充满活力和魅力的社区，现在已经成为网红打卡地，如图8-13～图8-15所示。地瓜社区的落地，使得曹家巷老居民的乡愁情感得以保存，通过在地文化的集约展示链接居民的情感记忆，创造了一个独属于社区居民的精神场所。

图8-13　成都曹家巷地瓜社区入口

图8-14　成都曹家巷地瓜社区内部空间

图8-15　团队设计的社区专属IP"曹家象"

此外，地瓜社区推出了"产销者计划"，鼓励当地居民利用社区空间来发挥自己的技能，为邻里提供免费或低价的服务，目前已经有十多位居民实现了"家门口创业"。地瓜社区将未被充分使用的闲置空间按照时间轴和社群改造为社区里"邻里社交和教育的优选场景"，打造社交协作共享的"社区小经济"，构建社区里新型的产销文化空间，即居民既是生产者又是消费者。"产销者计划"除了经济价值的创造，还为社区居民之间的参与和表达提供了具体场景，增进了彼此之间的了解和信任。

从上述案例中，我们看到"地瓜社区"这个具有创新性和可持续性的社会公益创新项目，通过设计和艺术的力量，推动了社区的可持续发展和创新，帮助解决社区中的实际问题，不但使社区环境设施得到了改善，美化了社区环境，也创造了更美好和谐的邻里关系，从整体上提升了居民的生活质量，在社区文化建设方面具有重要意义。同时，该项目也是大学生参与社会设计实践的一个平台，通过这个平台，学生能够将理论知识与实际应用相结合，运用他们的专业知识和技能提供设计思维、创意方案和实施策略，为社区提供实质性帮助的同时，还培养了学生参与公益设计的社会责任感和实践能力，用实际行动诠释设计的力量和公益的温暖，也带动和激发了更多人对社会的关注和参与。

案例　社区养老模式下全瘫老人起居辅助产品设计

该项目针对养老社区中对全瘫老人的护理需求进行创新设计，旨在开发出一款可以辅助老年人日常起居的设备。通过对社区环境调研和具体使用场景的分析，以及对相关人员的深度访谈，设计人员了解了社区养老模式下全瘫老人日常生活及护理需求，最终确定了项目的发展方向为一款智能护理床的设计。

由于该产品主要的应用场景是新型社区，其主要应用于全瘫老人的生活护理方面，目标人群具有一定的特殊性，所以在设计中充分考虑到养老社区中全瘫痪老年人的行动能力及特点，将该产品的功能尽量设计得简单，便于操作。通过设置相关功能，可以自动完成老人的体姿转换，防止褥疮的产生；老人可以在护理床上完成一些基本的操作，还可进行康复按摩；护理床还可以便捷地将老人从床上向其他设备转移，如图8-16～图8-18所示。此外，还可以对老人的健康状况进行监测，让其子女可以实时了解老人的状况，增加对养老社区的信任感。

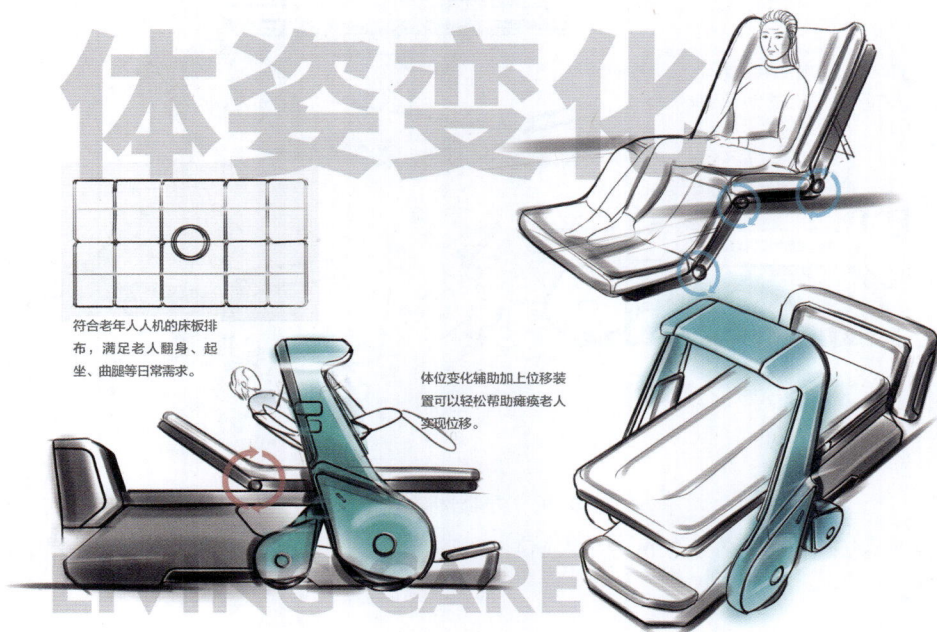

符合老年人人机的床板排布，满足老人翻身、起坐、曲腿等日常需求。

体位变化辅助加上位移装置可以轻松帮助瘫痪老人实现位移。

图8-16　功能分析草图(一)

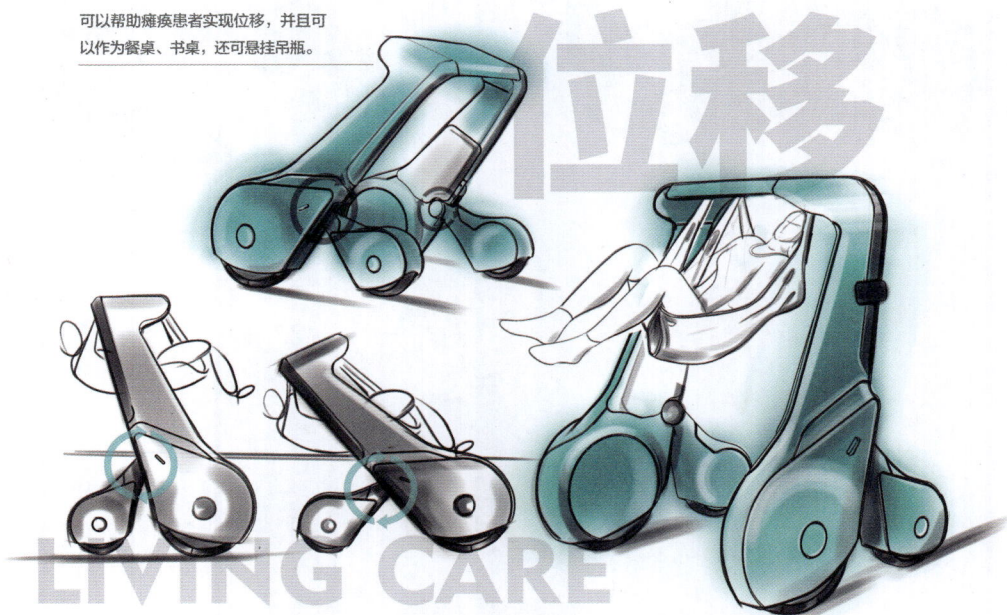

可以帮助瘫痪患者实现位移，并且可以作为餐桌、书桌，还可悬挂吊瓶。

图8-17　功能分析草图(二)

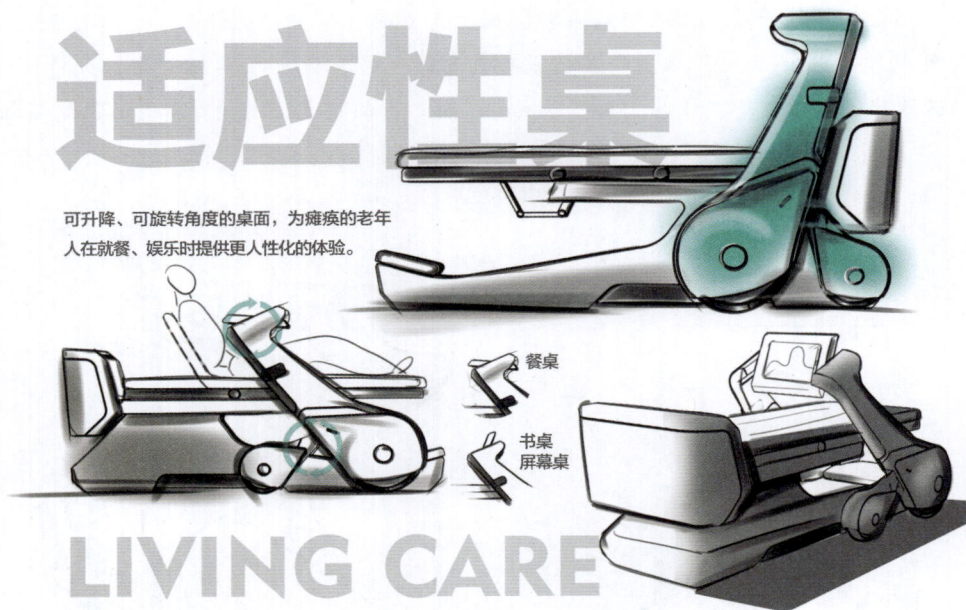

可升降、可旋转角度的桌面，为瘫痪的老年
人在就餐、娱乐时提供更人性化的体验。

餐桌

书桌
屏幕桌

LIVING CARE

图8-18　功能分析草图(三)

　　产品在外观设计方面充分考虑老年人的心理及审美需求，造型简洁大方，颜色素净典雅，如图8-19～图8-21所示。

图8-19　设计效果图(一)

图8-20　设计效果图(二)

图8-21　设计效果图(三)

第三节 大学生创新创业实践方法

一、确立选题

对于大学生开展创新创业项目而言，选择一个适合自己的选题至关重要，这直接决定着项目成果产出的多寡甚至是成败。以下是关于确立项目选题的一些建议供大家参考：

(1) 选题要聚焦社会热点和公众需求，关注民生和可持续发展战略，比如食品安全、医疗健康、防灾减灾、绿色环保、气候变化与碳达峰、碳中和等领域；

(2) 选题要具有一定的前沿性，尽可能瞄准当前比较热门且备受关注，代表未来行业科技发展趋势，具有较好发展前景的领域进行研究，比如AI人工智能、数字化产业、"互联网+"等；

(3) 选题最好能结合学校特色或优势专业，或者是能够体现当地人文和产业特色的项目；

(4) 选题最好是选择自己熟悉的，面向学生群体的项目；

(5) 大学生尽可能基于自己的专业进行选题，以保证高质量完成创新创业项目。

二、团队组建

无论是创新项目，还是创业项目，要想取得好成绩就离不开优秀的团队，团队是在创新创业的所有资源条件中的第一要素。大学生在进行创新创业项目团队组建的过程中要注意如下几点。

1. 组建跨学科专业的创新创业团队

目前不少大学生选择的创新创业项目具有多学科专业交叉融合的特点，比如机器人项目就涉及机械设计、信息控制、工业设计等多个专业领域，因此在组建团队时就需要充分考虑这一特点，打破学科专业壁垒，组建跨学科专业的创新或创业团队。

2. 跨年级组建项目团队

有些创新项目可能需要长期开展，不断进行优化迭代；创业项目，特别是公益创业项目，也需要一代一代地传承下去，衔接开展。为了保证项目开展的连续性，就需要跨年级组建团队，并根据年级高低及能力大小形成合理有序的团队，以满足项目持续开展的需要。

3. 团队成员要志趣相投，能力互补

创新创业项目和竞赛往往涉及多个方面和多个流程，在不同的方面和阶段需要具备不同能力的成员来进行主导。例如，在设计调研阶段，由性格外向，与人沟通能力强的队员来主导会更有利于调研工作的开展；在项目研究开展阶段，由创造力强，思维缜密的同学来主导，项目会更容易取得进展；在项目推广和路演阶段，需要表达能力强，头脑反应灵活的同学才能更好地完成任务，游刃有余地面对来自各方面的提问。

三、项目计划书撰写

项目计划书是项目信息的重要载体，更是在参加竞赛、项目投标，以及进行融资、合伙人招募时所必须提供的核心文档材料。一份好的项目计划书可以让项目获得更多机会，因此选择创新创业的同学们一定要重视项目计划书的撰写。以下提供几点建议供大家参考。

1. 内容言之有物、凝练且突出重点

项目书撰写要紧紧围绕项目本身展开，介绍和陈述与项目高度相关的信息内容，切忌形式主义、长篇大论，更不要为了单纯凑字数写一些与项目本身并无多大关联的内容。此外，项目书的各部分内容要高度概括、突出重点。

2. 参考写作模板，但不囿于模板

对于第一次撰写项目计划书的同学而言，可能对项目书的整体结构和流程不是很清楚，此时大家可以参考一些项目计划书的模板，了解模块构成、内容结构，以及写作顺序等相关知识。但是，每一个项目都有独特性，项目团队要围绕一个特定的问题展开研究，最终也要提出具有创造性的解决方案，创新创业过程中所涉及的背景、资源和条件也均有所差异。因此，在撰写项目计划书时，要本着实事求是、具体问题具体分析的原则，认认真真地完成内容。

3. 采用倒金字塔结构

在进行项目书撰写时，同学们往往喜欢按照正常的时间顺序或事件发展的自然顺序展开，有时在陈述重要信息之前还会做一些大篇幅的铺垫，使整个项目书长篇累牍却毫无重点可言，导致项目书的可读性比较差。通常投资人会在短时间内阅览多份项目计划书，可能没有足够的时间逐字逐句地将项目计划书看完，这就需要创业者在撰写计划书时，将内容高度概括和凝练，去除无关信息以尽可能减少阅览时间，还要在写作结构上进行精心安排，以此来保证项目书信息传达的有效性和高效性。

建议大家在项目书写作时采用"倒金字塔"结构，它是新闻写作时常采用的一种模式，即按照新闻价值的大小，即新闻事实的重要程度、新鲜程度，以及读者感兴趣的程度等，依次将新闻事实写出的一种结构形式。由于这种结构格局前面重、后面轻，上头大、下头小，所以称为"倒金字塔"。我们在进行项目书撰写时不妨借鉴这种写作结构，这样可以让项目书的阅览人在尽可能短的时间内获取关于项目最重要的信息。

四、路演

1. 简洁凝练、语速适中

大学生在进行创新创业项目路演时，使用的PPT最好控制在15页以内，每页PPT的讲述大概在1分钟左右。

在讲解过程中要注意节奏和语速，语速控制在每分钟220字左右。在讲解重点部分的内容时，可以将语速适当放缓，给现场人员留出理解和思考的时间，以便对这部分内容有更准确和深

刻地了解。

2. 信息的呈现直观易懂

路演是信息高度聚合并投放给观众的一个过程，为了让现场观众能够高效地接收并理解信息，演讲者需要在路演准备过程中运用一些技术手段，让信息呈现形式更加直观易懂。

(1) 路演所用PPT要按照图文结合，以图为主的原则进行设计。思维导图的创始人托尼·博赞称："一张图顶得上一千个词汇"，可以说图片相对于文字在传达信息方面具有更高效率，也更容易给人留下深刻印象，同时一张恰当的图片还可以把本来抽象的、不易理解的内容以更加直观形象的方式呈现。

(2) 通过思维导图工具和信息可视化工具对PPT的内容进行归纳和梳理。传达的信息越直观、越有逻辑层次，越容易被观众理解和记住，所以凡是呈现在PPT上的内容都要经过梳理和设计，特别是当面对大量庞杂的信息数据时，大家可以借助思维导图和信息可视化工具来帮助我们完成信息的梳理和呈现工作。

(3) 在一些重要内容和信息的展示呈现方面，我们可以采用"升维"的方式来提升最终的信息呈现效果。相对于2D展示效果，3D技术在信息传达方面具有更加直观、高效的特点；动态展示效果，特别是具有现场实时交互功能的动态展示，相对于静态展示效果而言通常具有更大优势。

3. 去除冗余信息

有的同学为了增加路演现场效果，在演示的PPT中设置背景音乐以及过多的动作。其实这样做往往适得其反，这些背景音乐及过多的动作有可能会分散观者的注意力，甚至是影响和干扰主要信息的传达和接收，过多且不当的动作设置甚至会打乱演讲的节奏，使得整个路演过程不连贯、不自然。

4. 提前准备问题库

项目路演过程一般会分为两部分：第一部分是汇报环节，即项目团队(一般为负责人作为代表)对整个项目情况进行汇报；第二部分是问答环节，即专家评委针对汇报情况进行提问，团队来回答。相对于汇报环节，问答环节往往更具有挑战度，因为汇报内容、汇报方式是演讲者自行决定的，还会进行提前演练，但问答环节存在很大的不确定性，汇报人事先并不知道专家评委都会提出哪些问题。其实，凡事皆有规律可循，我们虽然不能确切知晓专家评委现场所要提出的问题，但是所提问题无非两类，一类是专家存疑的问题，即在前面汇报过程中，汇报人没有提及或没有阐述清楚的部分，但专家认为比较重要，需要汇报人进行补充汇报，另外一类问题就是专家比较关心的与项目有关的关键性问题，需要汇报人对这些问题做进一步阐释，所问问题肯定是围绕项目展开。因此，项目团队和汇报人只要在路演之前准备充分，把与项目相关的问题全部搞懂弄通，那么就可以很好地应对专家评委现场的提问。

团队在准备的过程中有一个关键的工作需要完成，就是要先自行整理出一个"问题库"，然后团队针对问题库中的问题认真研究，并给出正确甚至是完美的答案。问题库中的问题可以通过开展小组头脑风暴等途径获得，也可以通过向他人汇报、模拟答辩的方式来征集。

5. 注重形象气质

好的形象和气质更容易获得他人的尊重和信任，特别是在路演过程中，个人的形象同时也代表着团队的整体形象。因此，在准备路演的过程中，除了对路演内容进行充分准备以外，在个人着装和形象气质方面也需要花一点心思。对于准备参加路演的大学生而言，在着装方面以干净整洁和大方朴素为主，在形象气质方面要尽量体现出严谨务实、积极上进，甚至是专业干练的一面。

6. 学习和掌握演讲和表达技巧

如果项目团队是第一次参加路演，若想获得比较好的效果，最好的办法是在参加路演前向在这方面有经验的路演前辈虚心请教，他们会非常乐意传授一些经验和技巧，帮助你在短时间内获得较大提高。在学习时，要重点掌握有关演讲和表达的技巧，这样会更加有助于你成功完成路演。

7. 反复练习

困难的事情重复去做，最终就会变得简单！在众人面前路演对大多数人而言都是一件倍感压力，甚至是充满挑战性的事情，但是只要在路演前将准备工作做得充分，对将要进行汇报的内容熟练掌握，对路演的节奏、动作及语言反复进行操练，就一定会取得不错的路演效果。

思考练习题

1. 请思考并阐述大学生参加创新创业实践的意义。
2. 请针对某一领域问题，结合自己专业所学进行选题策划，并完成一份创新创业项目计划书。

第九章
大学生创新创业实践案例展示

第一节 水电互补驱动高温火场内消防机器人

一、项目团队

学　　生：王俊鳌(数据科学与大数据技术)

　　　　　王霄远(数据科学与大数据技术)

　　　　　孙一凡(能源化学)

　　　　　常春禄(应用物理学)

　　　　　丛鑫龙(软件工程)

　　　　　陈博文(自动化)

　　　　　史云昌(机械设计制造及其自动化)

　　　　　年玉博(软件工程)

　　　　　曹颖(金融学)

　　　　　邱凯(软件工程)

　　　　　赵嘉怡(市场营销)

　　　　　李金鑫(车辆工程)

　　　　　伊克山·艾依热提(车辆工程)

指导教师：薛　瑾　牛连强　刘伟军　杨德国

二、项目简介

消防机器人作为一种特殊的装备，能够代替消防员进入高危险性现场，完成侦查检验、排烟降温、搜索救人、灭火控制等任务，在灭火和抢险救援中发挥着举足轻重的作用。消防机器人的主要应用场景集中在高温、强热辐射、有毒有害、易坍塌等场所。

本款消防机器人突破电力驱动局限，首创高压液力驱动模式，采用水电互补驱动电机和气动系统的技术，将贯流式水轮机构小型化并应用于消防领域(见图9-1)。同时，本款消防机器人舍弃了传统的机体喷淋散热降温方式，采用水水直混式热传导装置，使机械能够长时间稳定运行，达到可持续灭火救援的目的(见图9-2)，解决了高温火场内长时间驻场作业的难题。

图9-1　消防机器人实物图

图9-2　室内雾状灭火测试图

三、创新方案及原理分析

1. 水电互补驱动

消防机器人的设计灵感来源于消防车高压水转化电机系统的设计思路，采用消防用水等高压液体作为动力，首创液力驱动动力组成小型化技术，逐级递增桨叶设计(见图9-3)，解决了液力驱动动力组成小型化后效率过低的问题。利用消防水压并附带小型电机，在提供备用动力的同时发电供能给消防机器人，解决整体电源依赖问题。

消防机器人采用一种贯流式水轮机，整体结构较小(见图9-4)。水流通过进水口进入后驱动转轮叶片，在一定水流范围内获得高效率并保证机组的正常运行，并在出水口与动力轴结合的输出部分采用机械密封，最大限度地减少能量的损失，使水流可以被后续热循环控制系统二次利用。

在技术方案中，传动机构由入水口、叶片、出水口、传输动力的主轴和位于出水口的机械密封组成。水轮机在运行过程中，其水头、流量、出力等参数不断变化，因此其流道中的水流流态也是不断改变的。通过对水轮机变工况下进、出口水流速进行计算，找到最优水流出口及无撞击进口的角度，研发自适应导叶、尾涡，消除叶结合齿轮箱，能量利用率提高20%。在中低压消防车压力1.5Mpa、流量35L/s情况下，最大功率仍可达到13kw，实现爬楼越障、抗压负重。

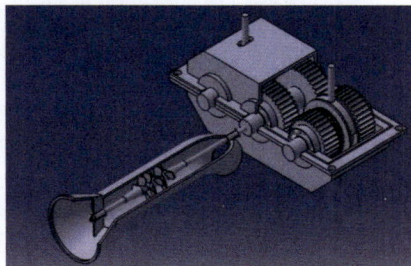

图9-3　液力发动机能量转换总成

图9-4　液力发动机实物图

2. 水水直混式散热

自主设计水水直混式散热系统，采用双层隔热散热结构，外层隔热层隔绝外部热量向内部侵入，内部散热层将电池、电机等元器件热量及时导出，避免积温。高压水通过自动控制系统中的球阀、Ksd温度开关、压力膜片、止回阀等自动分配低温水流走向，在对液体压力造成最少影响下，完成机器人内部散热，能够长时间驻场工作。

3. 双频段超视距传输

消防机器人采用433Mhz频段与2.4G双频段传输。433Mhz在地形等干扰因素下仍具有良好的穿透性，但信号传输速率较低，仅能满足如地理位置信息、遥控信息等基础信息的通信，无法实时传输图像信息；2.4G频段通信带宽较大，但抗干扰性较弱。因此，机器人采用AAT自动追踪雷达结合定向天线进行信号追踪，将机器人北斗定位信息通过433Mhz频段传输至操控端，经过与操控端定位信息进行向量计算后，将2.4G定向天线旋转至大致角度，此时转向电机进行抖动微调，并保存不同位置下的信号强度值，经对比后将角度旋转至最高强度处。此外，机器人包含4G视频传输，当本地视频传输效果较差时，自动切换至4G模式，使操作员依然能够了解到火场内部的情况。

信号传输方面采用经四四天线改进而成的六六天线，经模拟仿真之后得出最高增益值存在19.8DB，驻波多次模拟均小于等于1.1，极化角度约为35°，并采用单向20W功率放大器，同等信号下信号提升15%，使得空旷条件下最远传输距离约15km。

四、项目创新点及特色

本款消防机器人的设计突破电力驱动局限，首创高压液力驱动总成。采用水电互补驱动，转化电机和气动系统思路，首次将贯流式水轮机构小型化并应用于消防领域，相较于同体积电机，拥有更高功率、更低损耗、更长寿命等优点。高压灭火流体均可驱动机器，液力驱动同时，内置无刷电机作为小型发电机，也同时进行发电，一旦动力不足，满载荷4400W的无刷电机可配合液力发动机提供全部动力。

消防机器人舍弃了传统的机体喷淋散热降温方式，独创水水直混式热传导装置，通过循环结构与动态控制，能够使高压液体在提供动力的同时降低机体温度，具有能量利用高效、能源清洁环保等特点，使机械稳定运行，达到可持续灭火救援的目的，解决了高温火场内长时间驻场作业的难题。

双频段最远图传15km，扩大灭火机器人作战应用范围，使得石油化工火灾、森林火灾等场景无消防员置险成为可能。

五、获奖及取得成果情况

(1) 第八届中国国际"互联网+"大学生创新创业大赛国赛银奖；
(2) 第十三届"挑战杯"中国大学生创业计划竞赛省赛金奖；
(3) 学生第一发明人申报实用新型专利4项；
(4) 学生第一作者发布SCI论文2篇；
(5) 获得软件著作权11项；
(6) 水电互补技术及水传热系统通过国家一级科技查新咨询单位科技查新鉴定，国内外文献范围内未见其他相同或类似报道，项目具有新颖性。

第二节 "草方格"沙障机器人

一、项目团队

学　　生：何启华　吴子坤　陈润林　魏星　吴亮　文浩
指导教师：郭忠峰

二、项目简介

目前我国的治沙工作主要采用人工的方式，这种传统的治沙方式存在劳动强度大、工作效率低，以及进度慢、成本高等问题。因此，设计一款新型的"草方格"沙障机器人就显得十分必要。该机器人由行走装置、开沟装置、输草装置、压草装置等部分组成(见图9-5)，可实现遥控操作行走开沟、输草、压草等一系列工作，可通过机械化作业铺设沙障以达到治沙效果，同时节省人力物力，提高治沙效率。

图9-5　"草方格"沙障机器人三维模型

三、产品设计说明

"草方格"沙障机器人的设计包括执行部分、控制部分和动力部分。下面对三个部分的设计进行说明。

1. 执行部分设计

(1) 行走装置。行走装置位于整机最下方，该装置由4套履带轮及其框架组成。每套履带轮由电机、驱动轮、承重轮、避震器、履带等组成，通过电机带动驱动轮，从而使整机实现全方位运动，整机两侧各安装两套履带轮结构。行走装置三维图，如图9-6所示。

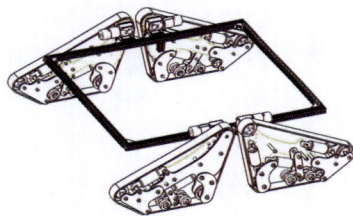

图9-6　行走装置三维图

(2) 开沟装置。开沟装置位于整机最前方，该装置由刀犁、四杆机构、凸轮等组成。刀犁一端安装在四杆机构上，通过电动推杆控制四杆机构运动，使刀犁实现不同工作深度并始终保持水平状态，以满足工作需求。开沟装置三维图，如图9-7所示。

(3) 输草装置。输草装置位于整机上方，该装置由储存槽、电机、分度滚筒、传送带、链轮和链条等组成。通过电机带动分度滚筒和传送带工作，实现稻草分度、输送、定位，增加输草效率。输草装置三维图，如图9-8所示。

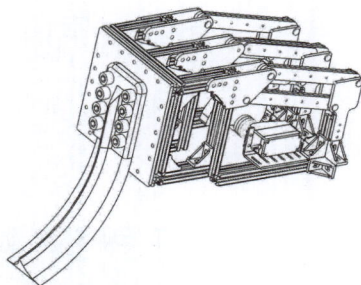

图9-7　开沟装置三维图

(4) 压草装置。压草装置位于整机最后方，该装置由电机、丝杠模组、导向模组、压盘、弹簧等组成。升降部分将直流电机作为动力源，与升降架、丝杠、丝杠螺母结合组成升降装置，通过升降功能可以满足工作过程

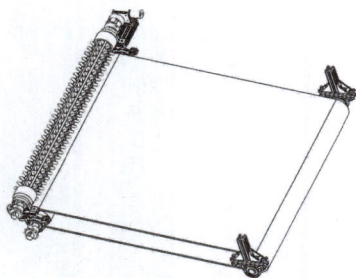

图9-8　输草装置三维图

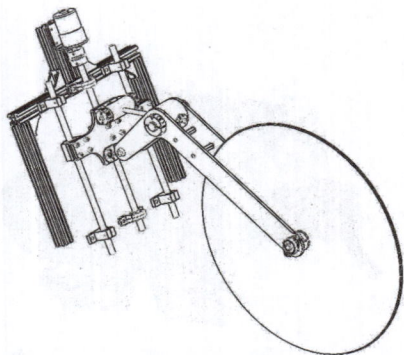

图9-9　压草装置三维图

中对压草深度的要求。使用过程中在竖直方向加入平行导向，从而保证升降过程的稳定性。压草装置三维图，如图9-9所示。

2. 控制部分设计

控制部分采用STM32作为主控器进行编程，通过遥控器来控制机器人工作，可完成行走开沟、输草、压草等一系列工作。

3. 动力部分设计

动力部分包括电机、舵机等。该机器人依靠直流有刷电机提供牵引力。

四、项目创新点及特色

(1) 本结构在现有的沙障铺设技术基础上加以改进，提高了铺设工作的效率。

(2) 通过行走装置、开沟装置、输草装置和压草装置的精确配合，实现了精准治沙。

(3) 采用结构轻量化设计，以及高适应度、高机动的设计理念。

(4) 本机器机械结构巧妙，配合工作，安全可靠，制造成本低廉。

(5) 本装置工作效率高、实用性好，适用于广泛的工作环境。

(6) 全新设计的履带轮有效针对沙漠的特点行走。

五、获奖及取得成果情况

完成的产品样机模型，如图9-10所示。该项目申请实用新型专利1项，获得全国三维数字化大赛国赛一等奖1项。

图9-10　"草方格"沙障机器人实物样机

第三节　皮影机器人

一、项目团队

学　　生： 方　向　黄继东　吴　波　曾泽璀　张　嫡
指导教师： 杨晓辉　刘　旭

二、项目简介

皮影机器人可以根据人们所编入的曲目信息，精确并且完整地将皮影这一传统的文化娱乐项目表现出来，打破了传统皮影艺术仅能由皮影艺人来表现的局限。该设计将现代科技与传统文化娱乐项目完美结合，不仅满足了皮影戏爱好者随时观看到自己喜欢的皮影曲目的需求，还能够实现他们在闲暇之余通过手机软件创作一部精彩的皮影表演的愿望。皮影机器人不仅可以通过网络下载的方式下载海量的皮影曲目，让观众随心所欲地欣赏皮影戏，而且可以根据自己的创意及喜好亲自操控皮影进行表演，体验皮影艺术带来的快乐，这种艺术与科技的完美结合必将受到大众的喜爱。

三、产品设计说明

1. 功能及工作原理

皮影机器人的工作原理是运用机械结构、微型计算机(单片机)，以及Android操作系统的移动电话，来操纵皮影影人的动作，控制皮影戏的旁白和唱腔，如图9-11所示。

图9-11　皮影机器人整体结构

皮影机器人的运作，主要是由单片机通过程序控制伺服电机的转动来约束机械臂的运动轨迹，从而使得皮影影人按照操作者的意愿表达具体的动作。影人的移动由丝杠等移动机构完成；影人的转身由蜗轮蜗杆等旋转机构机械臂完成；影人的跳跃由链轮链条等跳动机构完成；影人双手的动作由机械臂完成。皮影机器人机构简图，如图9-12所示。

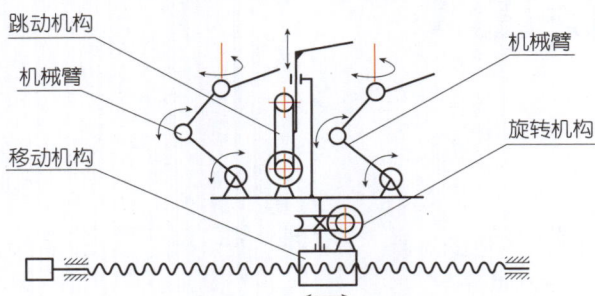

图9-12　皮影机器人机构简图

图9-12中控制皮影手臂和身体动作的为机械臂结构，其中节点处采用MG995微型伺服电机控制机械臂关节的旋转运动。皮影机器人机械臂的自由度为3，可以控制皮影影人直杆前、后、左、右、上、下六个方向的运动，操作较为简单，实体表现效果明显。

2. 机构及功能实现

控制皮影影人动作的机械部分由影人移动装置、转动装置和机械臂三部分组成。

影人移动装置主要由底座、直流电机、传动丝杠和起导向作用的光杠构成。通过电机带动丝杠转动，两侧的导轨和挡板固定用以约束机械臂平台的运动方向，改变电机的输出轴旋转方向便可以使机械臂平台沿水平方向运动。

转动装置主要由直流电机、蜗轮蜗杆装置等构成。蜗杆直接连接直流电机，通过控制电机的转动带动蜗杆转动，蜗轮蜗杆啮合带动转盘的旋转，从而使得皮影影人的身体旋转。

机械臂主要由伺服电机和云台支架组成，皮影影人的双臂分别由两个机械臂控制，如图9-13所示。

控制皮影影人动作的直杆固定在机械臂上，每个机械臂均由三个伺服电机构成，一个机械臂控制一个直杆，通过控制伺服电机的转动来约束机械臂的运动轨迹，使得皮影影人按照操作者的意愿表演特定的动作。机械臂机构简图，如图9-14所示。

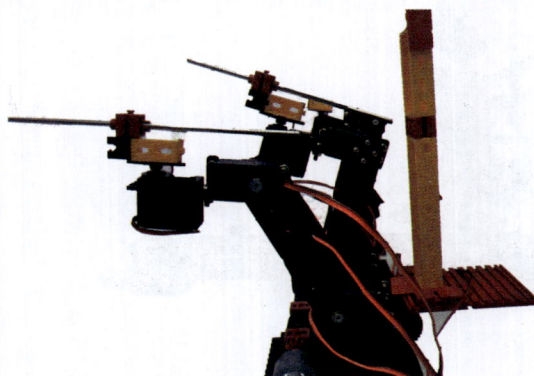

图9-13　机械臂实体

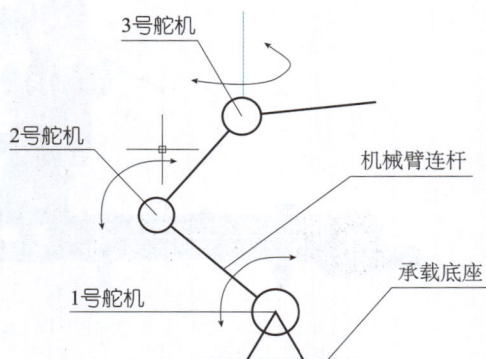

图9-14　单个机械臂机构简图

图9-14中的单个机械臂由3个微型伺服电机(舵机)、机械臂连杆和承载底座构成。1、

2、3均为舵机，可以实现连杆绕节点的旋转运动，1、2号舵机控制皮影影人直杆的上下和前后运动，两者可以相互配合，保证皮影影人的各部位均位于同一平面内，3号舵机控制皮影影人直杆的左右运动。3个舵机相互配合，使得皮影影人按照操作者的意愿表达具体动作。

每个皮影影人共需要两组机械臂控制手臂的运动，操作者通过控制两组机械臂的运动轨迹，可以使皮影影人的动作完整且精确。

四、项目创新点及特色

皮影机器人填补了皮影娱乐机械这一领域的空白，在继承传统的基础上勇于创新，将现代科技融入其中，并赋予其全新的生命力，使古老的皮影艺术被更多的人了解和喜爱。

皮影机器人将传统艺术与现代科技完美结合，是对非物质文化遗产的传承和保护，使中国传统文化得以传播。

皮影机器人的结构简单，占用空间小、便于存放，并且成本低，适合批量生产。

随着人们对非物质文化遗产的喜爱和复古风的兴起，"皮影舞"和"皮影动画"这些传统艺术受到越来越多年轻人的喜爱。皮影机器人紧随其后进入人们的视线，不仅能够娱乐大众，提高人们的精神生活品位，还可以弘扬传统艺术，这种艺术与科技的完美结合方式必将受到大众的喜爱。

五、获奖及取得成果情况

该项目荣获第五届全国大学生机械创新设计大赛慧鱼组一等奖。

第四节　家庭厨房易用性设计研究

一、项目团队

学　　生：王盛宇　吴翔　王淼　柳彤
指导教师：于学斌

二、项目简介

如今，橱柜早已是每个家庭必备的家居用品，随着生活水平的不断提高，许多家庭对橱柜使用过程中的易用性问题越来越重视。橱柜高柜取物不便、拐角处取放物品难、储物空间不足等问题总是被提出来，但现阶段各大橱柜厂商还没有很好的解决方案。因此，若将此类问题解决，将在很大程度上提高产品的人性化程度，从而增加橱柜的销量。如何增加橱柜产品的易用性，并进一步合理利用橱柜空间，这正是本项目研究的重要内容。

三、项目研究过程

1. 设计调研与需求分析阶段

项目团队首先对项目任务进行分析，并完成了设计调研进度计划的制订，然后按照计划深入到商场、用户家中开展实地调研，并收集相关资料，完成设计调研报告。

1) 制订设计进度计划

在正式调研之前，应用甘特图工具完成设计调研进度计划的制订，如表9-1所示。将项目细化为具体的任务，并为每一项任务设定时间周期和关键节点，这有助于对调研进度进行监控和调整。

表9-1 设计进度计划表

2) 对现有产品进行调研

易用性是本次产品调研的重点，团队分别从"主要观测点""解决问题方法描述"和"效果评价"三个方面对产品进行了现场调研，如图9-15所示。对调研所得的信息进行整理，完成了调研信息记录表(见表9-2)。

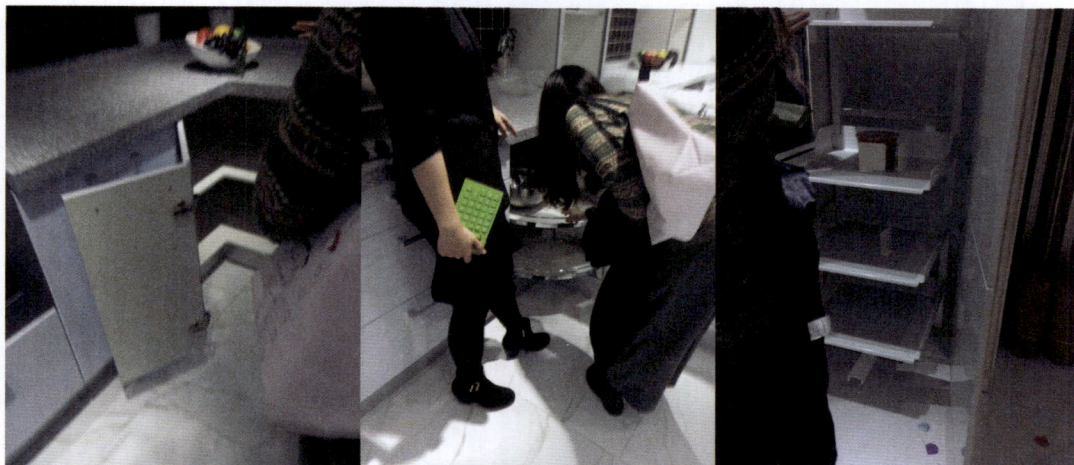

图9-15 对产品进行现场调研

表9-2 调研相关信息记录表

主要观测点	在解决高柜取放物品不便方面	在解决低柜取放物品不便方面	在解决橱柜拐角处取物不便方面	在解决整体储物空间不足方面	在解决小物品的收纳方面	在解决橱柜台面物品堆放方面
解决问题的方法描述	气体支撑滑杆,能够随时停住开启的推拉门	目前没有发现解决方案	单纯在内部旋转	可以连接拉出的储物架	将大抽屉里分成若干小格,装小物件及餐具等;一个大的类似于冰箱的可拉出置物架	美式橱柜会设置独立的操作台面,在半包围式橱柜中间,这样可以摆放物品,有些操作也可移至操作台面
效果评价	矮个子女生要打开顶部的推拉门比较吃力,可以考虑升降高柜		解决的比较好,但仍应该考虑与用户家庭情况相结合(比如有烟道或者水管等),所以这些旋转装置应该选择后安装	设计很实用,如果储物架大小不同会更好	用起来很方便	如果不是美式橱柜就无法调整,但其他风格的橱柜也没有特别好的解决方式

3) 采用观察法对用户行为进行调研

在本次用户行为调研过程中,共选取了23个家庭样本,使用观察法深入这些家庭,了解用户的真实需求和行为习惯,如图9-16所示,为产品设计提供宝贵的参考信息。

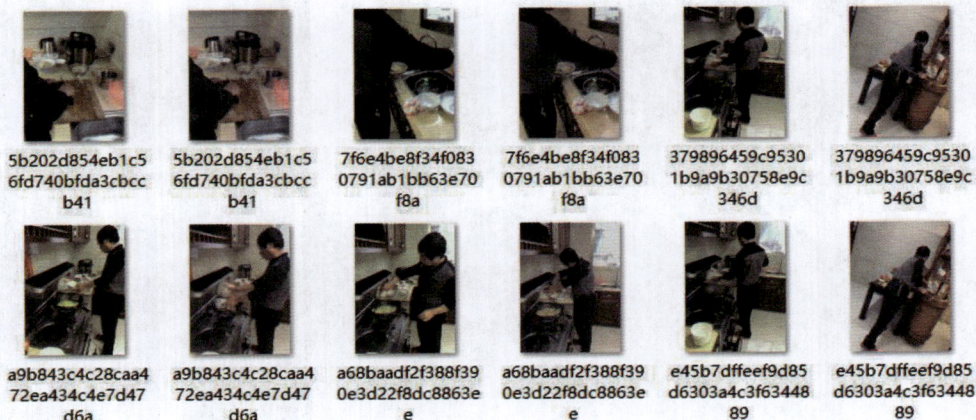

5b202d854eb1c5
6fd740bfda3cbcc
b41

5b202d854eb1c5
6fd740bfda3cbcc
b41

7f6e4be8f34f083
0791ab1bb63e70
f8a

7f6e4be8f34f083
0791ab1bb63e70
f8a

379896459c9530
1b9a9b30758e9c
346d

379896459c9530
1b9a9b30758e9c
346d

a9b843c4c28caa4
72ea434c4e7d47
d6a

a9b843c4c28caa4
72ea434c4e7d47
d6a

a68baadf2f388f39
0e3d22f8dc8863e
e

a68baadf2f388f39
0e3d22f8dc8863e
e

e45b7dffeef9d85
d6303a4c3f63448
89

e45b7dffeef9d85
d6303a4c3f63448
89

图9-16　用户行为过程视频照片

4) 厨房问题列举及用户需求分析

通过前一阶段针对厨房开展的易用性研究，发现在厨房空间利用及物品收纳方面共存在118个典型问题，现列举部分如下：

(1) 拐角橱柜利用率低，只能放低频厨房用品；

(2) 调料收纳存在问题；

(3) 橱柜内部照明比较暗；

(4) 抹布放置比较乱；

(5) 没有针对面食制作的区域，如饺子；

(6) 操作时吊柜门打开后容易碰头；

(7) 锅盖没有专门的存放位置；

(8) 水槽区域的操作台高度按照人机工程学原理进行了优化设计，但凹下去的水槽部分却不符合人体工学要求；

(9) 柜内死角的清洁问题；

(10) 厨房台面垃圾不好处理。

2. 方案设计阶段

通过对以上调研中收集的典型问题进行总结和分析，最终选择针对拐角橱柜利用率低，只能放置低频厨房用品这一问题展开研究，最终提出合理可行的解决方案，完成满足项目目标要求且具有创新性的新产品开发设计。

1) 橱柜转出功能方案设计

本研发产品由主动柜及从动柜两部分组成，且均采用万向轮作为支撑，由滑轨来进行导向。联动机构采用了平面连杆机构中曲柄摇杆和曲柄滑块机构的组合，如图9-17所示。

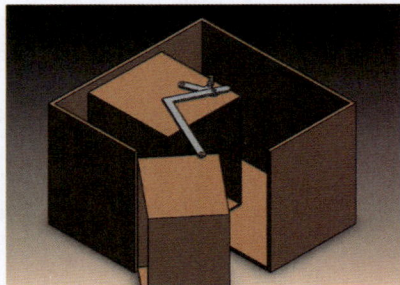

图9-17　橱柜转出功能原理三维模拟图

平面连杆机构能够实现多种运动形式的转换，如它可以将原动件的转动转变为从动件的转动、往复移动或摆动。反之，可将往复移动或摆动转变为连续地转动。例如，本产品在拉出过程中主动柜为滑块，在旋转过程中则变成了曲柄。各运动副均为面接触，转动时受到单位面积上的压力较小，且有利于润滑，所以磨损较轻，寿命较长。另外，由于接触面多为圆柱面或平面，制造比较简单，易获得较高的精度。

2) 产品收纳功能方案设计

通过对不同家庭的厨房空间利用及物品收纳的调研，发现大多数家庭存在米袋、面袋放置不合理，菜板、蒸锅、油桶无固定存放位置的情况。所以，我们在解决死角问题的同时，为消费者提供了厨房大宗物品收纳解决方案。

许多橱柜的柜内贮藏功能未能细化，如过多的抽屉、搁架，功能不明确。本产品柜体设计考虑了厨房内储存物品的种类、数量、方式及使用频率，合理规划柜内空间，如图9-18所示。

图9-18　橱柜收纳功能方案整体展示图

本产品特意设计了米箱、面箱的结构，可以收纳市面净含量10kg、5kg的商品粮，足以满足上班一族及退休老人群体的生活需求。消费者可以根据自己的饮食偏好(日常主食是以面食或米饭为主)来决定两部分分别的用途，取米(面)口位于上端，方便舀取。柜内还有分好的方格，可用来存放五谷杂粮，如图9-19和图9-20所示。

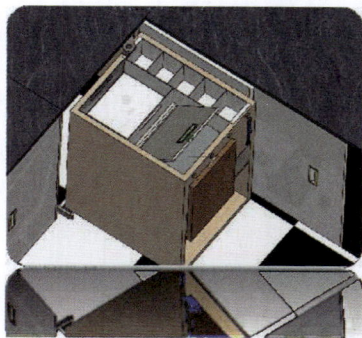

图9-19　橱柜收纳功能方案细部展示图(一)

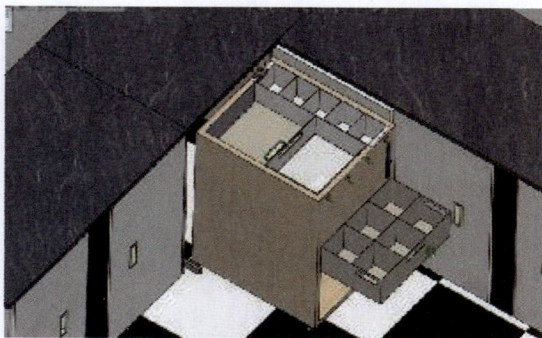

图9-20　橱柜收纳功能方案细部展示图(二)

3) 易用性厨房整体方案设计

在对橱柜功能进行设计的基础上，完成橱柜整体效果设计方案，如图9-21所示。

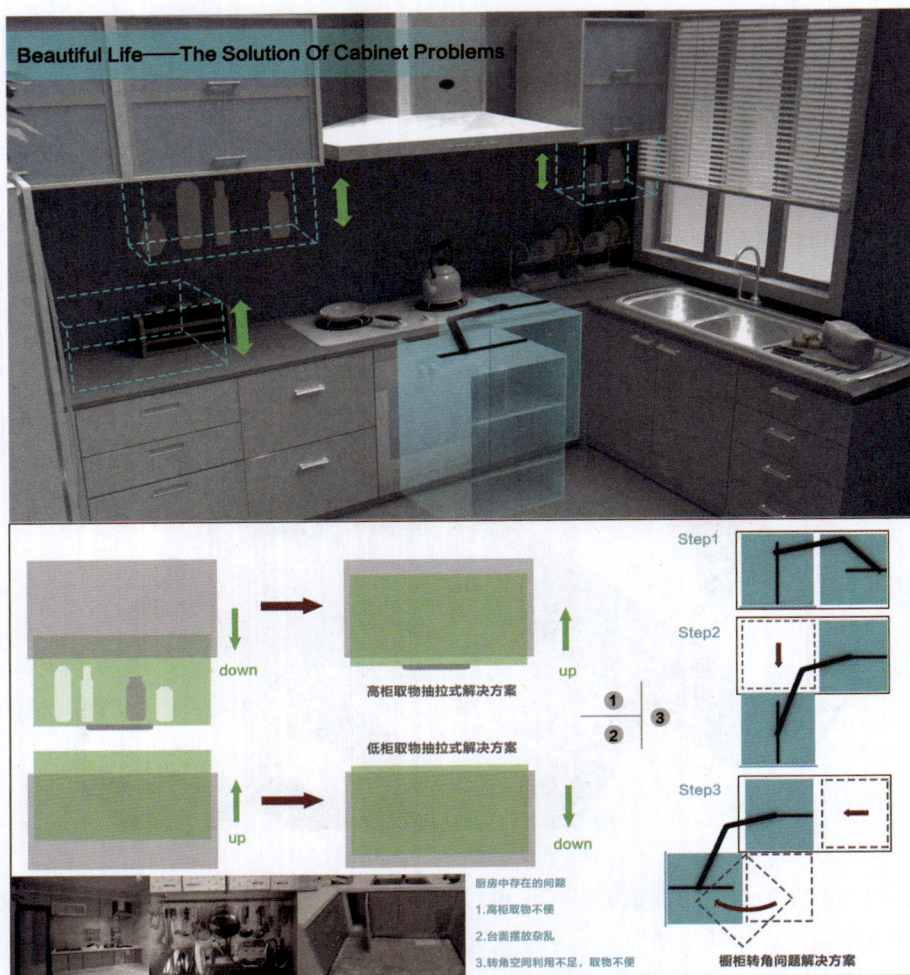

图9-21　易用性厨房整体设计效果图

四、项目创新点及特色

　　本项目围绕家庭橱柜中普遍存在的死角问题，提出合理解决方案，同时对米、面、油、锅具等大宗物品的收纳问题予以合理解决，从而形成了以转角为中心的厨房空间及收纳问题综合解决方案。通过对空间的合理切分，使各种物品和用具"各得其所"，同时实现空间利用的最大化。

　　本产品让死角"活"过来，使用者不必探出脑袋、伸长胳膊，只需轻轻一转，即使最里面的物品也能轻松拿取，实现了产品的通用性设计。

　　橱柜采用轮式支撑方式和木质箱体结构，承重力好，结实坚固，同时柜式箱体容纳空间大，特别是米、面箱的设计，使空间利用率进一步提高。此外，从动柜还具备旋转开合角度大(拉出后旋转角度能达到90度，取物更方便)、五金配件少、维修方便，以及与橱柜整体材质统一，搭配度好等优点。

五、项目尚存问题及优化方向

该项目产品设计由于整体采用箱体结构，所以略显笨重，同时存在部分五金件需要定制、装饰性逊色于拉篮、轮子在滚动过程中产生噪声等问题，未来将对产品设计方案做进一步的优化迭代。

首先，通过加强家具五金件的研发和橱柜材料的创新，提高产品的整体感和品质感，在满足基本使用功能的基础上，设计研发出样式新颖，柜体划分形式多元，表面色彩时尚，充满个性，易于模块化组合的产品。

其次，提升橱柜智能化设计水平，通过人工智能和自动化技术实现自动智能转角开门，自动收纳、计量物品，消毒保鲜，语音影像学习等功能。

再次，研发和应用更加环保的材料，实现产品的绿色设计，满足低碳环保要求。

最后，在产品设计中融入中国传统文化元素，打造中式风格橱柜产品。

六、获奖及取得成果情况

实物样机制作，如图9-22所示。本项目获批国家级大学生创新创业训练计划项目立项，并顺利结题。

图9-22　实物样机制作

第五节　化粪池板结层破碎装置

一、项目团队

学　　生：金琰凯　黄铄鸿　古梓轩　刘志安　王浩东
指导教师：于学斌

二、项目简介

本产品的研发旨在解决老城区化粪池板结层难以清理的问题。化粪池粪便污泥长期淤积不清理，加之日常排放到井池中的杂物成分复杂，造成化粪池表层板结，粪便得不到有效的无害化处理，造成水质污染，导致化粪池形同虚设。恶劣的工作环境及工作性质也不利于人工清理。因此，推进该项清理工作的机械化进程十分必要。

本产品拟通过机械化操作来替代传统的人工清理，保证使用安全的同时，追求作业的高效化及维修的便捷性，从而大大节约人力成本，改善环卫工作者的工作条件和环境。

三、产品设计说明

1. 搅拌头的结构设计

经过大数据调查统计显示，我国的化粪池的井口尺寸平均值在680mm左右，而不同地域、不同地区的化粪池井口的尺寸也各不相同，为了保证破碎效果，需要产品的工作直径达1米以上，因此需要产品是可以"变形"的。团队根据这一统计结果，设计了像伞一样能开合的搅拌头，整个搅拌头装置由液压缸驱动连杆，带动下面搅拌叶的展开和收拢，如图9-23和图9-24所示。对比传统的搅拌机是固定的扇叶形状，本装置采用的伞状搅拌头结构设计可以使搅拌头灵活自如地进出各式尺寸的化粪池井口工作，既能够增大搅拌面积，又可以提高工作的效率。

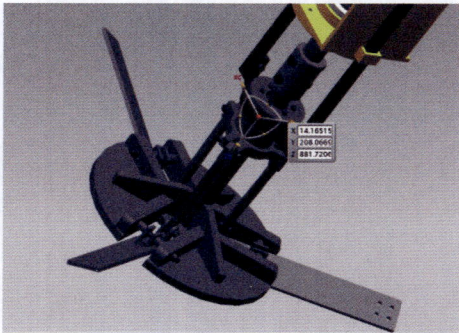

图9-23　伞状搅拌头工作图(张开)　　　　图9-24　伞状搅拌头工作图(收拢)

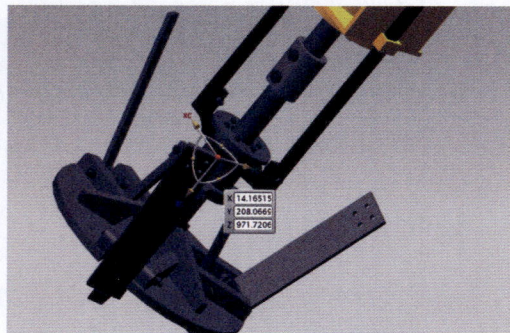

2. 驱动装置设计

本产品的驱动装置包括液压马达、液压缸，相关参数及计算如表9-3和表9-4所示。

表9-3　产品对液压马达的需求

需求	扭矩　N/m	500
	转速　r/min	120
	功率　kw	6.28

表9-4　马达计算公式

项目	公式	符号意义
马达流量(L/min)	$Q=q*n/1000$	q：马达的几何排量 n：转速
马达转速(rpm)	$\eta=Q/q*1000$	Q：流量
马达扭矩(N·m)	$T=q*p/20\pi$	p：压力

该驱动装置需要挖掘机的液压系统提供液压油，另接油路及控制系统。液压传动噪音小、能耗低、结构紧凑、运转平稳、传动可靠、操作简单方便，破碎搅拌质量高，自动化程度高。图9-25展示的是在驱动装置与搅拌头设计方案的基础上完成的装置整体方案及结构设计。

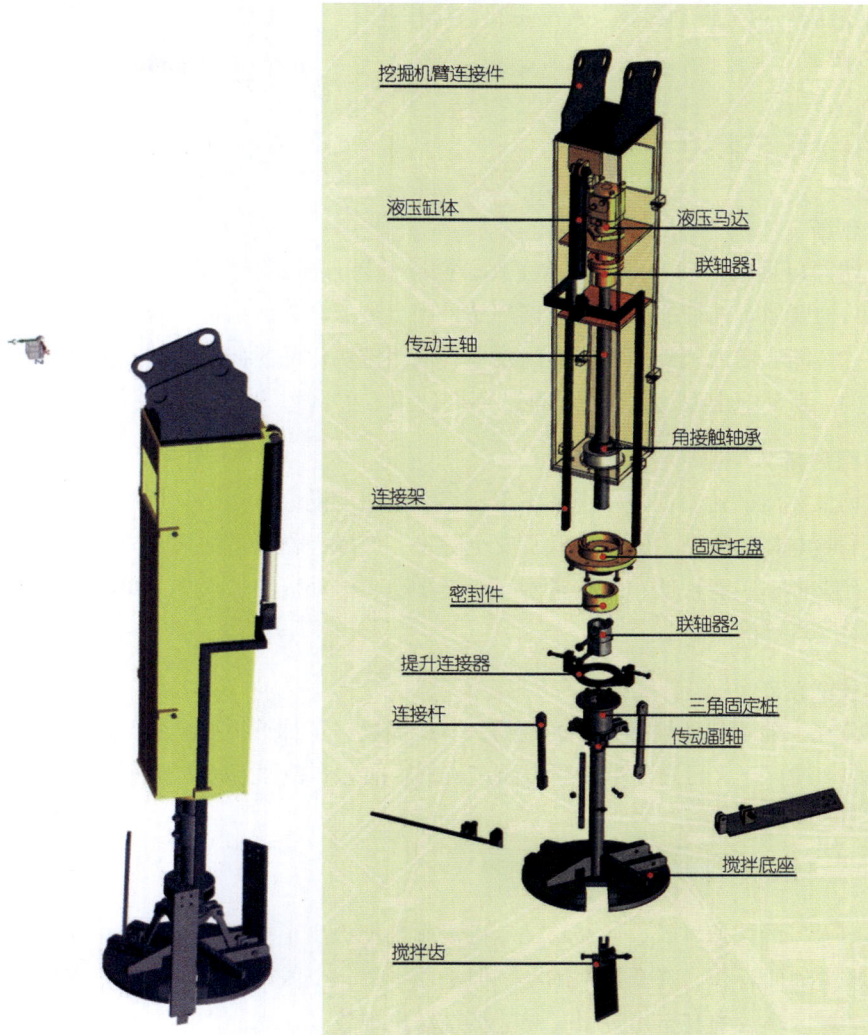

图9-25　装置整体方案及结构展示图

标注（从上到下，右侧）：挖掘机臂连接件、液压马达、联轴器1、角接触轴承、固定托盘、联轴器2、三角固定桩、传动副轴、搅拌底座

标注（左侧）：液压缸体、传动主轴、连接架、密封件、提升连接器、连接杆、搅拌齿

四、产品用途及使用流程

产品可配置在轮式挖掘机(也可配装液压站)上，方便移动和使用。在使用过程中，工作人员可在地面上远离化粪池口的地方操作，保障了操作人员的工作安全。该产品主要用于对化粪池污物久未处理的板结进行强力破碎，方便后续的清洁工作。具体的作业流程如下：

(1) 打开化粪池井盖，敞开15分钟；

(2) 由挖掘机臂将装置送入井中；

(3) 装置上下运动，捣碎板结层；

(4) 在液压缸作用下，展开搅拌叶；

(5) 启动液压马达，带动搅拌头旋转进行破碎作业；

(6) 现场清理，并进行后续清掏工作。

五、项目创新与特色

1. 结构创新

化粪池的井口直径为680mm，而为了保证破碎效果，需要产品的工作直径达到1米以上，因此搅拌头的结构要像伞一样能够开合。该产品采用了类似伞骨的结构，既可以使搅拌头灵活自如地进出井口，又能够增大破碎面积，提高效率；采用模块化的搅拌叶设计，搅拌叶端头预留安装孔，长度可接，满足中小型及大型化粪池的不同使用需求。

2. 动力源创新

对比市场上主流的化粪池潜水搅拌机采用多级电机驱动，本产品利用液压马达与轮式挖掘机配合，克服了取电难的问题，同时降低了安全隐患，保障操作人员的人身安全。此外，液压传动搅拌机还具有噪音小、能耗低、结构紧凑、运转平稳、传动可靠、操作简单方便、破碎搅拌质量好、自动化程度高等优点。

3. 搅拌模式创新

为了使搅拌头能均匀地搅拌井中的杂物，本产品设计了梯形搅拌模式，这种具有上下梯度的构件，既能均匀搅拌，又可避免单一受力而造成的轴向力和截面力过大而使转轴受损的问题。

六、项目产品适用范围及推广前景

随着城市人口的快速增长，对城市的基础设施功能提出了更高的要求。化粪池的作用是沉淀截留粪便，减少粪便容积，降低污水浓度。但是几乎每一个城市的老城区都存在化粪池板结层的问题，部分老城区小区内甚至出现了化粪池板结溢出现象。化粪池粪便污泥长期淤积不清理，造成粪渣板结，化粪池形同虚设，粪便得不到有效的无害化处理，造成水质污染。目前，大多数城市采取的依旧是老式的人工搅拌方式，费时费力，恶劣的工作环境及工作性质不利于工作人员的身心健康！

该产品用于对化粪池污物久未处理形成的板结进行强力破碎，方便后续的清洁工作，旨在减轻环卫工人的工作负担，提高工作质量及工作效率，改善居民生活环境，解决民生问题，以及老龄化带来的劳动力短缺问题。该产品符合目前的中国国情，社会也急需这样一款产品。

七、获奖及取得成果情况

该设计作品获得"挑战杯"大学生课外学术科技作品竞赛科技发明制作B类省赛特等奖，如图9-26所示；获得国家实用新型专利1项；获得省级大学生创新创业训练计划项目立项并顺利结题。

图9-26　"挑战杯"大学生课外学术科技作品竞赛作品展示

第六节　"创未来"——乡村青少年科创教育

一、项目团队

学　　生：王　晨　张可青　罗一波　高铭蔚　孙佳蓓　朱少龙　陈露苗
指导教师：于学斌　林　丹　薛　瑾　于惠淑　吕庆涛

二、项目简介

第五次科技革命方兴未艾，人工智能时代已经到来，提高全民科学素养与创造力已成为时代发展所需。习近平总书记指出，对科学兴趣的引导和培养要从娃娃抓起。"创未来"面向乡村地区，通过线上教育，带领孩子们学习创意编程、模型搭建、3D打印，线下开展创新主题综合实践活动，以提高乡村孩子的创造力和科学素养，让乡村教育与时代发展同步。

项目的开展，为乡村青少年提供了一个科创类的学习平台，项目志愿者带领他们参加线上编程、创意模型搭建等课程的学习，暑期参加线下组织开展的科创训练营活动，以此来培养孩子的编程能力和动手实践能力，提高乡村青少年对科技的兴趣和对创造的积极性，进而促进全民整体科学素养的提高。

三、项目开展情况

1. 科创云课堂

科创云课堂面向乡村地区青少年，开展线上科普编程类课程教学，如图9-27所示。学生可利用周末时间，在线进行学习，了解软件编程技术，爱上创新与创造。

图9-27　团队利用云端开展线上编程教学

2. 线下科创实践指导

志愿者利用暑期返乡之际，在自己的家乡开展科创训练营活动，提高乡村青少年对科技的兴趣，如图9-28所示。志愿者的这些行动也有效改善了家乡科创教育师资及科技科普资源缺乏的现状。

3. 乡村留守儿童成长营

项目团队针对乡村留守儿童，与公益机构合作，共同开展乡村留守儿童科创成长营活动，如图9-29所示。

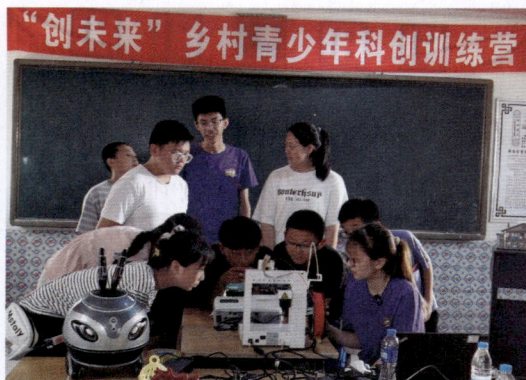

图9-28　暑期组织开展线下科创训练营活动

图9-29　开展乡村留守儿童科创成长营活动

四、项目特色与优势

1. 项目特色

(1) 首创STGP科创课程体系，将创造力培养融入科技实践活动。STGP科创课程从培养孩子的创造性思维入手，同时提高孩子的科学素养与信息技术应用水平，最终形成科创实践能力。

(2) 科创实践活动紧密联系科普理论知识，从而实现科创实践活动与科普理论知识学习的相互促进。借助3D打印、创意组合模型搭建、图形化编程等科创课程，将抽象、枯燥的理论知识变得可视化、形象化、游戏化与场景化。

(3) 采用线上与线下混合教学模式，线上教育孩子学习创意编程、模型搭建、3D打印，线下开展创新主题综合实践活动。

2. 项目优势

(1) 本项目的研发过程中完成了多项科创成果，形成了拥有自主知识产权的课程体系、多系列成套教具，以及微课视频。

(2) 本项目利用自主开发的青少年科普效果测试评估软件系统，对科创教学过程和效果进行分析，让创客教育过程更加精准化。

(3) 项目团队分别来自学校不同的学院、专业和年级，是一群具有创新意识，拥有共同目标，有着不同专业知识背景的朝气蓬勃的年轻人，团队成员在技术开发、运营管理、营销策略、科技创新等方面各有所长。同时，项目团队拥有近十年的科创教育经验，与国家级设计中心、省级科技馆、科普基地等政府、学校及企业平台建立了广泛的合作与联系。

五、项目未来发展计划

项目后续将开展城乡双向研学，实现乡村与城市文化的交融与创新，一方面让城市孩子感受乡村文化、体验乡村活动，拓展孩子的思维，另一方面让乡村孩子了解城市科技发展，拓宽眼界，激发潜能。除此之外，为了激发孩子们对科技的兴趣，项目志愿者会带领他们广泛地接触科技知识，掌握常用科技工程工具的使用方法，训练工程思维，培养其勇于接受科技挑战、主动学习，以及综合运用知识解决问题的能力。

六、获奖及取得成果情况

项目实践活动受到人民日报等多家媒体的广泛报道，入选2020年全国大学生创新创业实践教育优秀案例，获得第八届"互联网+"青年红色筑梦之旅赛道省赛金奖2项，国赛铜奖1项。

参考文献

1. 冯林. 大学生创新基础[M]. 2版. 北京：高等教育出版社，2022.

2. 张海霞，等. 创新工程实践[M]. 北京：机械工业出版社，2020.

3. 朱瑞富. 大学生创新领航[M]. 济南：山东大学出版社，2023.

4. 徐斌，蒲彦君，严玉峰，等. TRIZ创新理论方法及应用[M]. 北京：化学工业出版社，2022.

5. 辽宁省普通高等学校创新创业教育指导委员会. 创造性思维与创新方法[M]. 北京：高等教育出版社，2013.

6. 白虹. 思维风暴[M]. 长春：吉林文史出版社，2019.

7. 陈吉明. 创造学与创新实践[M]. 2版. 北京：科学出版社，2017.

8. [英]杰夫·坦南特. 六西格玛设计——新产品/新服务完美投放市场[M]. 吴源俊，等，译. 北京：电子工业出版社，2002.

9. [瑞士]亚历山大·奥斯特瓦德，[比利时]伊夫·皮尼厄. 商业模式新生代[M]. 黄涛，郁婧，译. 北京：机械工业出版社，2016.

10. [美]拉里·基利，瑞安·派克尔，布赖恩·奎因，等. 创新十型[M]. 余锋，宋志慧，译. 北京：机械工业出版社，2014.

11. [美]布瑞恩·索利斯. 完美用户体验：产品设计思维与案例[M]. 宫鑫，文汝佳，刘婷婷，译. 北京：电子工业出版社，2018.

12. 宋京双，冯峰，宁敏. 大学生创新创业教育"金课"教程[M]. 北京：清华大学出版社，2021.

13. 李四达. 交互与服务设计：创新实践二十课[M]. 2版. 北京：清华大学出版社，2022.

14. 王可越，税琳琳，姜浩. 设计思维创新导引[M]. 北京：清华大学出版社，2017.

15. 戴力农. 设计调研[M]. 2版. 北京：电子工业出版社，2016.

16. 鲁永奇，武青艳，李明阳. 创新思维与创新方法[M]. 天津：天津人民出版社，2020.

17. [美]布鲁克·诺埃尔·摩尔，理查德·帕克. 批判性思维[M]. 12版. 朱素梅，译. 北京：机械工业出版社，2023.

18. 廖建尚，胡坤融，尉洪. 智能产品设计与开发[M]. 北京：电子工业出版社，2021.